부동산 투자 바이블
부자들의 부동산 비밀노트

부동산 투자 바이블

부자들의 부동산 비밀노트

여운봉 지음

NEVER GIVE UP

차례

PART 1
부동산 투자의 지혜 :
안정적인 자산 구축을 위한 전략과 통찰

30년 후 후회하지 않으려면, 지금 당장 실행하라 • 10
월가 전문가가 말하는 충격적 진실: 주식보다 부동산이 답이다 • 14
부동산 투자가 예금보다 더 안정적인 이유 • 21
부동산 투자의 진실: 시장 타이밍은 없다 • 25
부동산 투자의 핵심, 안전마진을 확보하라 • 29
부동산 투자성공, 외부효과를 읽어라! • 36
부동산 투자의 역설: 비싸게 사는 것이 성공의 열쇠다 • 48
내집 마련, 지금 당장 해야하는 이유 • 55
화폐 vs 부동산: 당신의 자산은 어디에 있습니까? • 61
돈을 재우지 말고 깨워라: 현재 가치의 마법 • 64
부동산 투자의 황금 법칙: 개발호재와 초기 투자의 기술 • 66
부동산 투자의 황금률: 주택이 가장 안전한 투자인 이유 • 71
재테크 성공, 시장이 아니라 종목이 결정 • 75
부동산 투자의 숨은 열쇠, 토지 가격을 읽어라 • 78
MZ세대가 이끄는 수도권 부동산 시장의
　　새로운 패러다임 성수동의 기적과 투자 전략 • 83
부동산 투자의 기준, 호재가 아니고 교통입지 • 88

PART 2

서울 부동산의 미래를 선점하라 :
메가시티 투자 로드맵

부동산 불패와 강남 불패: 신화인가 현실인가? • 94
서울 도심, 오피스빌딩 가격이 계속 오르는 이유 • 99
2040 서울도시기본계획: 부동산 투자의 숨겨진 지도를 읽다 • 101
2040 서울의 미래: 6대 공간계획으로 읽는 부동산 투자의 기회 • 107
서울 도심의 주거용부동산이 오르는 10가지 이유 • 110
지방은 팔고, 서울을 사야하는 이유 • 116
서울 부동산의 숨은 황금알: 전문가가 밝히는 3대 투자 지역 • 122
2050년 메가 서울의 미래:
    2000만 인구의 수직 입체도시로 진화 • 129
서울 vs 주변 도시: 공존인가, 흡수인가? 메가 서울의 두 얼굴 • 132
2호선을 잡아라: 서울 지하철 2호선의 마법 • 136
서울의 황금 노선을 따라가는 부동산 투자의 지도 • 141
강남 부동산의 비밀: 팔지 않는 자가 승리한다 • 145
서울 3대 업무지구의 황금입지: CBD 인접 부동산 투자 전략 • 148
1주택자의 서울 수도권 부동산 투자 전략 • 152
용산의 부상: 서울의 새로운 '센트럴파크'가 만드는 부동산 혁명 • 157
서울 아파트 가격의 충격적 진실:
    뉴욕의 2배, 실리콘밸리의 2.5배 • 163
일본 부동산 미스터리: 빈집 17%에도 도쿄 집값 폭등하는 이유 • 167
타이페이에서 런던까지: 세계 주요 도시 집값의 진실 • 170

PART 3

부동산 부자의 비밀 코드 :
GTX에서 갭투자까지, 당신의 첫 집부터 10억 자산까지

내 집 마련의 경제학: 장기보유가 만드는 부의 마법 • 174
무주택 탈출: 당신만을 위한 맞춤형 내집마련 비법 • 178
성공한 부자들의 레버리지 전략 • 182
레버리지의 마법: 3억으로 10억 자산을 만드는 부동산 투자의 비밀 • 185
갭투자의 재발견: 소액으로 시작하는 부동산 투자의 지혜 • 189
갭투자 성공의 10가지 핵심전략 • 192
전세의 마법: 1억으로 5억 벌기, 부동산 투자의 숨은 비밀 • 197
GTX에서 재개발까지: 서울/수도권 주택투자 성공 비법 • 201
GTX 투자 전략: 수도권 30분대 생활권의 새로운 기회 • 204
GTX 역세권, 섣부른 투자는 금물 • 209
GTX 노선 개통과 부동산 투자 전략: 선진국 사례로 보는 미래가치 • 212

PART 4

재개발의 황금열쇠 :
서울 부동산 투자의 숨은 보물지도

내집마련의 꿈을 이루는 새로운 길: 모아타운 재개발 투자 • 218
재개발 투자의 정석: 노후도와 사업성으로 읽는 황금 입지 • 224
부동산 투자의 디지털 나침반:
    노후도 분석으로 찾는 재개발 투자의 기회 • 228
재개발·재건축 투자의 골든타임: 조합원 자격 취득의 모든 것 • 232
재개발 투자의 황금시기: 단계별 투자 전략과 수익 분석 • 237
미래가치를 선점하라:
    서울 핵심 8개 지역의 재개발·재건축 투자 전략 • 239

PART 5

소형 부동산의 시대 :
1인 가구부터 오피스텔까지, 성공 투자 전략의 모든 것

1인 가구와 소형 주택의 시대 • 244

소형주택 투자 전략: 오피스텔과 빌라의 세금 절세 가이드 • 247

아파텔의 부상: MZ세대가 선택한 새로운 주거 트렌드 • 251

아파텔의 부상: MZ세대가 선택한 새로운 주거 트렌드 • 254

하이엔드 부동산의 시대: 초고가 소형주택이 뜨는 이유 • 257

오피스텔 투자의 정석: 수익형 부동산의 7가지 성공 법칙 • 260

오피스텔 재산세 50% 줄이는 비밀: 주거용 vs 업무용의 갈림길 • 264

주거용 vs 업무용 오피스텔: 당신의 선택이 세금의 운명을 결정 • 268

직장인 주목! 월세 50만 원 보장하는 서울 소형주택 투자 비법 • 273

투룸의 반란: 소형주택 투자의 숨겨진 황금알 • 278

1%만 알고 있는 오피스텔 투자 비밀노트 • 282

당신이 모르는 평수의 진실: 아파트와 오피스텔 면적 가이드 • 288

PART 1

부동산 투자의 지혜

안정적인 자산 구축을 위한 전략과 통찰

30년 후 후회하지 않으려면, 지금 당장 실행하라

지금이 투자의 황금기, 기회는 오늘 시작된다

　투자의 최적 시기에 대해 많은 사람들이 고민한다. "지금이 좋은 투자 시기일까?", "시장이 더 떨어질 때까지 기다려야 할까?" 등의 질문을 자주 받는다. 이에 대한 나의 대답은 항상 같다. 투자의 최적 시기는 바로 지금, 이 순간이다.

　많은 사람들이 "30년 전에 투자했더라면…"이라고 후회한다. 하지만 나는 이렇게 말한다. "30년 전에 나무를 심지 못했다면, 지금이라도 나무를 심어라." 이 말은 투자에도 그대로 적용된다. 과거의 기회를 놓쳤다고 해서 현재의 기회마저 놓칠 이유는 없다.

재테크는 곧 투자를 의미한다. 여기서 주의해야 할 점은 저축과 저금은 투자가 아니라는 것이다. 투자는 원금 손실의 가능성과 미래 수익의 불확실성이라는 특징을 가지고 있다. 이러한 리스크를 감수하면서도 더 큰 수익을 추구하는 것이 바로 투자의 본질이다.

투자를 미루는 가장 큰 이유 중 하나는 '더 좋은 시기'를 기다리는 것이다. 하지만 이는 매우 위험한 생각이다. 시장의 바닥을 정확히 예측하는 것은 거의 불가능하다. 오히려 투자 시기를 놓쳐 큰 기회를 놓치는 경우가 더 많다.

투자의 진실: 시간이 만드는 복리의 마법

투자의 핵심은 '시간'이다. 복리의 마법은 시간이 지날수록 더 큰 효과를 발휘한다. 예를 들어, 연 10%의 수익률로 10년 동안 투자한다면 초기 투자금은 2.59배가 된다. 하지만 같은 수익률로 20년을 투자한다면 초기 투자금은 6.73배로 늘어난다. 이는 단순히 시간이 2배가 되었다고 해서 수익이 2배가 되는 것이 아니라는 것을 보여준다.

또한, 정기적인 투자의 중요성을 강조하고 싶다. 시장의 상황에 관계없이 일정 금액을 정기적으로 투자하는 '달러 코스트 애버리징' 전략은 장기적으로 안정적인 수익을 얻을 수 있는 좋은 방법이다. 이 전략을 통해 시장이 하락할 때는 더 많은 주식을 살 수 있고, 상승할 때는 수익을 실현할 수 있다.

물론 투자에는 항상 리스크가 따른다. 하지만 리스크를 피하는 것이 아니라 관리하는 것이 중요하다. 분산 투자, 장기 투자, 자신의 투자 성향에 맞는 포트폴리오 구성 등을 통해 리스크를 관리할 수 있다.

많은 사람들이 '완벽한 투자 시기'를 기다리다가 결국 투자를 시작하지 못한다. 하지만 투자에서 가장 중요한 것은 시작하는 것이다. 작은 금액부터 시작해도 좋다. 중요한 것은 지속적으로 투자하고 학습하는 것이다.

투자는 단순히 돈을 버는 수단이 아니다. 그것은 자신의 미래를 준비하는 과정이다. 은퇴 후의 삶, 자녀의 교육, 꿈의 실현 등 우리의 미래 목표를 달성하기 위해서는 지금부터 투자를 시작해야 한다.

또한, 투자는 학습의 과정이다. 시장의 움직임을 이해하고, 다양한 투자 상품에 대해 공부하며, 자신의 투자 스타일을 찾아가는 과정은 매우 가치 있는 경험이다. 이러한 학습 과정은 시간이 지날수록 더 나은 투자 결정을 내리는 데 도움이 된다.

투자를 미루는 또 다른 이유로 '충분한 돈이 모이지 않았다'는 생각이 있다. 하지만 이는 잘못된 생각이다. 작은 금액으로도 투자를 시작할 수 있다. 오히려 작은 금액으로 시작하면 리스크도 작고, 실수를 통해 배울 수 있는 기회도 많다.

　마지막으로, 투자는 인내의 과정이다. 단기적인 시장의 변동에 일희일비하지 않고, 장기적인 관점에서 꾸준히 투자하는 것이 중요하다. 워렌 버핏이 말했듯이, "주식시장은 단기적으로는 투표기지만, 장기적으로는 저울이다." 즉, 단기적으로는 시장의 감정에 좌우될 수 있지만, 장기적으로는 기업의 실제 가치가 반영된다는 것이다.

　결론적으로, 투자의 최적 시기는 바로 지금이다. 더 이상 미루지 말고, 지금 당장 시작해야 한다. 작은 금액으로 시작해도 좋다. 중요한 것은 시작하는 것이고, 꾸준히 학습하고 투자하는 것이다. 투자는 우리의 미래를 준비하는 과정이며, 그 과정 자체가 우리를 성장시키는 값진 경험이 될 것이다. 지금 이 순간, 당신의 미래를 위한 투자를 시작하라. 그것이 바로 당신이 할 수 있는 가장 현명한 선택이다.

월가 전문가가 말하는 충격적 진실: 주식보다 부동산이 답이다

금융전문가에서 부동산전문가로: 자산의 본질을 꿰뚫다

　필자는 한국에서 재테크 전문가로 특히 부동산관련 강연과 기고, 라디오, TV프로그램 방송출연 등 활동을 하고 있다. 한국에서의 은행 경력과 뉴욕대(NYU)에서의 금융공학 석사 학위, 그리고 졸업후 월가의 종합 금융회사에서 애널리스트와 증권전문가로 근무한 경험을 바탕으로 금융 분야에서 30년 이상의 경력을 쌓았다.

　그러나 2002년 한국으로 귀국한 후, 나는 부동산 분야에 깊이 빠져들게 되었다. 현재는 금융전문가보다는 부동산 전문가로 더 널리 알려져 있으며, 수많은 부자들과의 상담 경험 중 90%가 부동산 문제와 세금 문제에 관한 것이었다. 이러한 변화의 이유는 무엇일까? 그것은 바로 금융자산과 부동산의 근본적인 차이에서 비롯된다.

금융자산은 유동자산이다. 말 그대로 흐르는 성질을 가지고 있어 고정되어 있지 않다. 아무리 많은 돈을 벌어도 한순간에 사라질 수 있는 것이 금융자산의 특성이다. 현금은 특히 그러하다. 누군가에게 빌려주고 돌려받지 못하거나, 사기를 당하거나, 가족의 병원비로 쓰이거나, 값비싼 물건을 구매하는 데 소비되는 등 여러 가지 이유로 쉽게 없어질 수 있는 성질을 갖고 있다. 소위 휘발성이 있는 재화가 돈이다.

반면 부동산은 고정자산이다. 갑작스런 화재로 내 소유의 건물이 불에 타 없어지더라도 토지는 여전히 남아있다. 또한 부동산은 매매가 수월하지 않아 시장 상황에 따라 수시로 거래하기 어렵다. 이는 오히려 장기 투자를 가능하게 만드는 요인이 된다.

주식투자 vs 부동산투자: 실제 사례로 본 투자의 명암

주식 투자의 경우, 워런 버핏과 같은 대형 투자자가 아닌 일반인들에게는 장기 투자가 쉽지 않다. 일반적으로 개인 투자자들은 투자 금액이 적어 워런 버핏처럼 여러 종목에 분산 투자하기 어렵다. 이는 리스크에 더 많이 노출되는 결과를 낳는다. 반면 부동산은 한 종목에 집중 투자하는 형태지만, 주식처럼 회사가 망해 휴지조각이 되는 일은 없다. 이는 주식과 부동산의 근본적인 차이점이다.

이러한 차이점을 실제 사례를 통해 살펴보자. 2008년 글로벌 금융위기 당시, 주식 시장은 급격한 하락을 겪었다. 당시 코스피 지수는 2007년 10월 최고점 2085에서 2009년 2월 최저점 1018까지 약 51% 하락했다. 많은 개인 투자자들이 큰 손실을 입었고, 일부는 파산에 이르기도 했다.

반면 같은 기간 동안 부동산 시장은 상대적으로 안정적이었다. 한국감정원 자료에 따르면, 2008년 전국 주택 가격 하락률은 약 3.1%에 그쳤다. 물론 지역별로 차이가 있었지만, 주식 시장의 폭락에 비하면 매우 안정적인 수준이었다. 이는 부동산의 고정자산 특성이 극단적인 시장 변동성으로부터 투자자를 보호해주는 역할을 한다는 것을 보여준다.

또 다른 사례로, 2015년부터 2020년까지의 서울 아파트 가격 상승을 들 수 있다. 한국감정원 자료에 따르면, 이 기간 동안 서울 아파트 평균 매매가격은 약 58% 상승했다. 같은 기간 코스피 지수는 약 24% 상승에 그쳤다. 이는 부동산 투자가 주식 투자보다 더 높은 수익률을 기록한 사례이다.

투자의 균형: 개인에게 맞는 전략의 중요성

그러나 이는 부동산 투자가 항상 주식 투자보다 우월하다는 의미는 아니다. 부동산 투자에도 리스크가 존재한다. 예를 들어, 2018년 이후 정부의 강력한 부동산 규제 정책으로 인해 일부 지역의 부동산 가격이 하락하기도 했다. 특히 투기 과열 지구로 지정된 지역의 경우, 대출 규제와 세금 인상으로 인해 투자자들이 어려움을 겪기도 했다.

결론적으로, 부동산 투자와 주식 투자는 각각의 장단점을 가지고 있다. 부동산은 안정성과 장기 투자 가능성이 높지만, 초기 투자 금액이 크고 유동성이 낮다는 단점이 있다. 주식은 높은 수익 잠재력과 유동성이 장점이지만, 변동성이 크고 개인 투자자가 장기 투자하기 어렵다는 단점이 있다.

필자의 경험에 비추어 볼 때, 부동산 투자는 일반적인 개인 투자자에게 더 적합한 선택이 될 수 있다. 그것은 단순히 수익률의 문제가 아니라, 안정성과 예측 가능성, 그리고 실물 자산으로서의 가치 때문이다. 금융 전문가에서 부동산 전문가로 변신한 나의 경험이 이를 증명한다.

그러나 모든 투자는 리스크를 동반한다는 점을 항상 명심해야 한다. 부동산이든 주식이든, 투자에 앞서 철저한 시장 분석과 자신의 재무 상황에 대한 정확한 이해가 필요하다. 또한 분산 투자의 원칙을 적용하여 리스크를 관리하는 것도 중요하다.

마지막으로, 투자는 개인의 상황과 목표에 따라 달라져야 한다. 단기적인 수익을 원한다면 주식이, 장기적인 안정성을 원한다면 부동산이 더 적합할 수 있다. 중요한 것은 자신의 상황에 맞는 투자 전략을 수립하고, 꾸준히 실천하는 것이다. 이것이 바로 진정한 재테크의 핵심이다.

주식투자의 역설:시장이 나쁠 때가 기회다

목돈이 없어 부동산 시장에 접근조차 하기 어려운 이들에게는 소액으로 시드머니를 만들고 싶어한다. 주식이나 펀드, 채권, 예금 등 여러 가지 금융상품이 있지만 포트폴리오차원에서 소액이라도 주식투자를 해 보기를 여러 가지 이유에서 권장한다.

다만 이때 주식시장은 부동산과는 전혀 다른 투자 원칙을 갖는 것이 중요하다. 증권시장이 나쁠 때를 골라 투자하는 것이 수익률을 높이는 핵심 전략이다. 이는 단기매매, 즉 '단타'를 주로 하는 전문 투자자들에게는 해당되지 않을 수 있지만, 일반 투자자나 초보자들에게는 황금률과 같은 원칙이다.

증권시장이 나쁠 때를 판단하는 것은 생각보다 어렵지 않다. 인터넷 뉴스에 "폭락" 또는 "검은 월요일"과 같은 문구가 등장할 때가 바로 그 시점이다. 이러한 뉴스는 보통 1~2개월, 길게는 5~6개월에 한두 번 정도 나타난다. 이때 매수 종목은 안전하게 시가총액이 큰 중대형주 위주로 선택하는 것이 바람직하다.

월가의 유명한 격언 중 "무릎에서 사서 어깨에서 팔아라"라는 말이 있다. 이는 주식 초보자들에게 특히 유용한 투자 원칙이다. 폭락 뉴스가 나올 때 매수하면, 운이 좋으면 바닥에서, 운이 나쁘더라도 바닥 근처에서 매수할 확률이 높기 때문이다.

필자의 뉴욕 금융가 경험은 이러한 원칙의 중요성을 더욱 강조한다. 애널리스트와 주식 브로커로 일하면서 보니, 증권사와 브로커는 고객의 거래가 잦을수록 수수료 수익이 늘어나는 구조였다. 시장이 상승세일 때는 잦은 거래도 수익으로 이어질 수 있었지만, 하락장에서는 오히려 손실을 키우는 결과를 낳았다.

예를 들어, 2008년 금융위기 당시 리먼브라더스가 파산하고 주가가 폭락했을 때 매수한 투자자들은 이후 큰 수익을 거두었다. S&P500 지수는 2009년 3월 저점 666포인트에서 2024년 현재 5000포인트를 돌파했다. 또한 2020년 코로나19 팬데믹으로 인한 주식시장 폭락 시기에 매수한 투자자들도 상당한 수익을 얻었다.

참고로 주식 매매 시점을 포착할 수 있는 기술적 분석에서 MACD (Moving Average Convergence Divergence) 차트는 매우 유용한 도구이다. 이는 단기 이동평균선과 장기 이동평균선의 차이를 보여주는 지표로, 중장기 투자에 특히 효과적이다. 1~2개월 정도의 투자 기간을 고려하는 투자자들에게도 매우 적합한 분석 도구로 적극 추천한다.

현대 주식시장에서는 스마트폰을 통한 홈트레이딩이 보편화되었다. 그러나 투자 원칙은 변하지 않았다. 필자도 현재 금융자산의 일부를 국내외 주식에 1~2개월의 중장기 거래를 주로 하며, MACD 차트를 참고하여 매매할 시점(타이밍)을 찾는다. 이는 과거 월가에서의 경험과 현재의 실전 투자를 통해 검증된 방법이다.

결론적으로, 주식 초보자들은 증시가 폭락했다는 뉴스가 나오지 않으면 매수를 자제하는 것이 현명하다. 시장이 나쁠 때를 기다렸다가 투자하는 인내심이 장기적으로 더 큰 수익을 가져다준다. 이는 워렌 버핏의 "다른 사람들이 두려워할 때 탐욕스러워지고, 다른 사람들이 탐욕스러울 때 두려워하라"는 투자 철학과도 일맥상통한다. 주식시장의 성공은 결국 시장 심리를 역이용하는 전략에서 나온다는 것을 명심해야 한다.

부동산 투자가
예금보다 더 안정적인 이유

부동산 투자가 예금보다 더 안정적인 주요 이유는 실물자산의 가치 보존성과 장기적 가치 상승에 있다. 이는 부동산이 실물자산으로서 인플레이션에 대한 자연스러운 헤지 수단이 되기 때문이다. 화폐가치가 하락해도 실물자산의 가치는 보존되거나 상승하는 경향이 있어, 투자자들에게 안정감을 제공한다.

부동산의 장기적 가치 상승

부동산 시장은 단기적으로는 상승과 하락을 반복하지만, 장기적으로는 가치가 상승하는 특성을 가지고 있다. 이는 다음과 같은 이유로 설명할 수 있다.

1. 물가상승률 이상의 가치 상승:

건전하고 정상적인 경제시스템에서는 물가가 일정 수준으로 계속 상승하며, 이에 따라 실물자산인 부동산 가격도 함께 상승한다. 이는 부동산 투자가 장기적으로 안정적인 수익을 제공할 수 있음을 의미한다.

2. 기술혁신과 경제성장:

기술혁신으로 인한 꾸준한 부가가치 증가는 소득증가와 임대료 상승으로 이어지고, 이는 결국 부동산 가격 상승으로 연결되는 경제 먹이사슬 시스템을 형성한다. 이러한 선순환 구조는 부동산 투자의 안정성을 더욱 강화한다.

예금의 한계와 부동산 투자의 우위성

반면 예금은 다음과 같은 한계를 가지고 있다.

1. 인플레이션 취약성:

예금은 물가상승률을 따라잡지 못해 실질 수익률이 마이너스가 될 수 있다. 이는 장기적으로 자산 가치의 하락을 의미한다.

2. 화폐가치 하락:

현금은 시간이 지날수록 가치가 하락하는 반면, 부동산과 같은 실물자산은 항상 물가상승률 이상으로 상승한다. 이는 부동산 투자가 예금보다 더 안정적인 자산 보존 수단이 될 수 있음을 시사한다.

부동산 투자의 실제 사례

국내 사례로 서울 마포구의 아파트 가격 상승을 살펴보자. 1980년대 초반 마포구 개발 당시 3.3m^2당 5만 원 수준이던 아파트 가격이 2024년에는 3,000만 원을 넘어서며 600배 이상 상승했다. 이는 같은 기간 동안의 물가상승률을 크게 상회하는 수치로, 부동산 투자의 장기적 가치 상승을 잘 보여주는 사례이다. 또한 서울 대치동 은마아파트 전용 76m^2의 1979년 분양가는 2000만 원이었지만, 2025년초 실거래가는 27억 원으로 올랐다.

미국 사례를 들어 보자. 2000년 미국의 평균 주택 가치는 126,000달러였다. 그러나 2024년 초 기준으로 이 수치는 259,000달러로 증가했다. 이는 약 20년 만에 106%의 가격 상승을 보여주는 것이다. 그리고 1992년부터 2024년까지 미국 주택 가격의 평균 연간 성장률은 5.5%였다. 이는 미국의 주택 시장 역시 장기적으로 꾸준한 상승세를 유지해왔음을 보여준다. 실물자산 투자가 예적금상품 투자를 이긴다는 사실은 국내외를 막론하고 동일하다.

부동산 투자의 매력: 안정성과 수익성의 균형

부동산 투자는 안정성과 수익성을 동시에 추구할 수 있는 매력적인 투자 수단이다. 실물자산으로서의 특성과 장기적 가치 상승 잠재력은 투자자들에게 안정감을 제공하며, 동시에 임대 수익과 자본 이득을 통해 꾸준한 수익을 창출할 수 있는 기회를 제공한다.

그러나 부동산 투자가 모든 이에게 적합한 것은 아니다. 초기 자금이 많이 필요하고 유동성이 떨어지는 단점이 있으므로, 개인의 재무상황과 투자 목적을 고려한 신중한 선택이 필요하다.

또한 부동산 투자는 예금보다 더 안정적인 투자 수단으로 평가받고 있다. 실물자산의 가치 보존성, 장기적 가치 상승 잠재력, 인플레이션 헤지 기능 등은 부동산 투자의 강점이다. 그러나 모든 투자와 마찬가지로, 부동산 투자 역시 리스크가 존재하므로 충분한 조사와 분석을 바탕으로 한 신중한 접근이 필요하다. 투자자의 재무 상황, 투자 목표, 리스크 감수 능력 등을 종합적으로 고려하여 균형 잡힌 포트폴리오를 구성하는 것이 중요하다.

부동산 투자의 진실: 시장 타이밍은 없다

부동산 시장은 증권시장과는 전혀 다른 특성을 가지고 있다. 증권시장이 비교적 명확한 사이클을 보이며 기술적 분석이 가능한 반면, 부동산 시장은 그 예측이 훨씬 더 복잡하고 어렵다. 이는 부동산 시장이 좋을 때나 나쁠 때나 모두 투자 기회가 존재할 수 있다는 것을 의미한다.

부동산 시장에서는 주식시장처럼 차트 분석을 통해 정확한 매수·매도 타이밍을 찾아내기가 불가능하다. 이는 "부동산 투자 시점은 대통령도 모른다"는 오래된 격언이 여전히 유효한 이유이다. 심지어 부동산 정책을 입안하는 정부 관료들조차도 시장의 정확한 방향을 예측하지 못하는 것이 현실이다.

예를 들어, 2017년 8.2 부동산 대책 당시 정부는 강력한 규제로 집값 안정을 예고했지만, 오히려 서울 아파트 가격은 큰 폭으로 상승했다. 반대로 2021년 초에는 많은 전문가들이 집값 상승을 전망했으나, 예상과 달리 하락세로 돌아선 바 있다. 이러한 사례들은 부동산 시장의 예측 불가능성을 잘 보여준다.

세계적으로 봐도 부동산 시장 예측의 어려움은 마찬가지이다. 2008년 글로벌 금융위기 직전, 미국의 수많은 부동산 전문가들조차 서브프라임 모기지 사태를 예측하지 못했다. 이렇게 부동산시장이 예측이 불가능하다는 단점이 투자자들에게는 오히려 투자기회가 된다. 투자자 누구나 예측이 가능하다면 투자로 인해 얻는 수익은 전혀 없거나 있다고 해도 극히 적을 것이다. 일본의 경우도 1990년대 초 부동산 버블 붕괴를 아무도 정확히 예측하지 못했다.

그러나 이러한 예측의 어려움이 오히려 부동산 투자의 기회가 될 수 있다. 시장이 상승기에 있을 때는 개발 호재가 있는 지역이나 인프라가 개선되는 곳에서 기회를 찾을 수 있다. 반대로 하락기에는 실수요자들이 떠난 우량 물건을 저평가된 가격에 매입할 기회가 생길 수 있다.

필자도 수십 년간의 부동산 투자 경험에서 단 한 번도 매수나 매도 타이밍을 완벽하게 맞춘 적이 없다. 다만 장기적인 관점에서 부동산 시장의 대략적인 추이를 파악하고, 개별 물건의 가치를 분석하는 것이 더 중요하다는 것을 깨달았다.

실제로 성공적인 부동산 투자자들의 공통점은 시장 타이밍보다는 개별 물건의 가치에 집중한다는 것이다. 예를 들어, 홍콩의 대표적인 기업인자 부동산 투자가로 크게 성공한 홍콩의 리카싱 청쿵그룹 회장은 "부동산은 위치가 전부"라며 시장 상황과 관계없이 좋은 입지의 물건을 매입하는 전략으로 성공했다. 리카싱 회장은 2024년 1월 기준 약 363억 달러의 자산을 보유한 홍콩 최고 부자이며, 2018년 89세의 나이로 경영 일선에서 물러났다. 현재는 장남 빅터 리가 그룹을 이끌고 있으며, 리카싱은 고문으로서 그룹의 전략적 방향을 조언하고 있다. 그는 검소한 생활방식, 시장 변화를 예측하는 뛰어난 안목, 부채를 최소화하는 재무전략을 구사하는 투자철학과 경영 스타일이 성공의 비결이었다.

따라서 부동산 투자에서 중요한 것은 매수 타이밍이 아니라 다음과 같은 요소들이다. 이중에서도 '입지' 요소가 가장 중요하다:

1. 입지의 우수성
2. 개발 가능성
3. 인프라 개선 여부
4. 실수요 기반의 존재
5. 투자금 회수 계획의 실현 가능성

결론적으로, 부동산 시장은 주식시장과 달리 명확한 매매 타이밍을 찾기 어렵다. 그러나 이는 오히려 기회가 될 수 있다. 시장 상황에 관계없이 개별 물건의 가치를 정확히 분석하고, 장기적인 관점에서 투자하는 것이 성공의 핵심이다. 시장이 좋을 때든 나쁠 때든, 가치 있는 물건은 항상 존재하며, 이를 발굴해내는 안목이 진정한 부동산 투자의 성공 요인이 된다.

부동산 투자의 핵심,
안전마진을 확보하라

 부동산 투자에서 안전마진(Safety Margin)은 투자의 성패를 좌우하는 핵심 개념이다. 안전마진은 가치투자의 창시자로 알려진 벤저민 그레이엄(Benjamin Graham)이 고안한 개념이다. 그레이엄은 1934년 출간한 '증권 분석(Security Analysis)'에서 이 개념을 처음 소개했다. 안전마진 개념은 원래 채권 투자에서 시작되었다. 채권 발행 기업의 이익이 이자 비용을 크게 상회할 때, 그 차이를 안전마진으로 보았다.

 그레이엄은 이 개념을 주식 투자에도 적용했다. 그는 기업의 내재가치와 시장가격 사이의 차이를 안전마진으로 정의했다. 그레이엄은 이를 통해 투자자들이 판단 실수를 하더라도 치명적인 손실을 입지 않도록 하고자 했다. 안전마진은 이후 가치투자의 핵심 개념으로 자리잡았으며, 워렌 버핏을 비롯한 많은 투자자들에게 영향을 미쳤다.

부동산 투자나 증권투자에 있어서 안전마진이란 자산의 내재가치와 시장가격 사이의 차이를 의미하며, 이는 투자자에게 예상치 못한 상황에 대비할 수 있는 완충장치 역할을 한다. 부동산을 비롯한 모든 종류의 투자에서 안전마진을 적용하는 것은 리스크를 최소화하고 장기적인 수익을 확보하는 데 필수적이다.

안전마진의 개념과 중요성

부동산 투자에서 안전마진은 크게 두 가지 측면에서 중요하다.

첫째, 투자 대상 부동산의 실제 가치와 구매 가격 간의 차이다.
둘째, 예상 수익률과 실제 수익률 간의 차이다.

이 두 가지 측면에서 충분한 안전마진을 확보하는 것이 부동산 투자의 안정성을 높여 투자에 성공하는 핵심이다.

안전마진을 통해 투자자는 다음과 같은 이점을 얻을 수 있다:

1. **시장 변동성에 대한 방어:** 부동산 시장은 경기 변동, 정책 변화 등 다양한 요인에 의해 영향을 받는다. 충분한 안전마진은 이러한 변동성에 대비할 수 있는 일종의 버퍼(완충) 역할을 한다.

2. **예상치 못한 비용 대비:** 부동산 투자에는 종종 예상치 못한 수리비, 세금, 관리비 등이 발생할 수 있다. 안전마진은 이러한 추가 비용을 흡수할 수 있는 여유를 제공한다.
3. **투자 실패 위험 감소:** 충분한 안전마진을 가진 투자는 시장 상황이 악화되더라도 원금 손실의 위험을 크게 줄일 수 있다.
4. **높은 수익 잠재력:** 내재가치보다 낮은 가격에 매입함으로써, 장기적으로 더 높은 수익을 실현할 가능성이 높아진다.

부동산 투자, 안전마진 활용 방법

1. 시장 가치 대비 구매 가격

부동산의 시장 가치를 정확히 평가하고, 이보다 낮은 가격에 매입하는 것이 안전마진의 기본이다. 예를 들어, 시장 가치가 10억 원인 부동산을 8억 원에 매입한다면, 2억 원(20%)의 안전마진을 확보한 것이다.

> **실제 사례** A씨는 서울 강남구의 한 오피스텔을 시세보다 15% 낮은 가격에 매입했다. 매입 당시 주변 시세가 6억 원이었지만, A씨는 5억 1천만 원에 구매에 성공했다. 이는 급매물 정보를 신속히 파악하고, 현금 구매로 빠른 거래를 제안했기 때문이다. 결과적으로 A씨는 9천만 원의 안전마진을 확보했고, 이는 향후 시장 하락 시 버퍼 역할을 했다.

2. 임대 수익률 기반 안전마진

예상 임대 수익률과 실제 수익률 간의 차이를 안전마진으로 설정할 수 있다. 다시 말해서 예상 임대 수익률보다 높은 실제 수익률을 달성할 수 있는 물건을 찾아 투자하는 것이 안전마진 확보의 한 방법이다. 예를 들어, 연 5%의 임대 수익률을 목표로 했다면, 실제 7%의 수익률을 달성할 수 있는 물건을 찾아 2%의 안전마진을 확보하는 것이다.

실제 사례 B씨는 경기도 분당의 상가 건물에 투자했다. 투자 전 예상 수익률은 연 6%였지만, B씨는 임차인 선별과 효율적인 관리를 통해 실제 8%의 수익률을 달성했다. 이 2%의 추가 수익은 안전마진 역할을 하며, 향후 임대료 하락이나 공실 발생 시 대비책이 되었다.

3. 개발 잠재력을 고려한 안전마진

재개발이나 용도 변경 가능성이 있는 부동산의 경우, 현재 가치와 미래 개발 후 가치의 차이를 안전마진으로 볼 수 있다.

실제 사례 C씨는 서울 외곽의 낙후된 단독주택을 매입했다. 매입 당시 3억 원에 구입했지만, 해당 지역이 재개발 구역으로 지정될 가능성이 높았다. 2년 후 실제로 재개발이 확정되면서 C씨의 부동산 가치는 6억 원으로 상승했다. 이 경우 3억 원, 즉 100%의 안전마진을 확보한 셈이다.

참고로 예술품 투자에서도 안전마진을 적용할 수 있는데,

1. **전문가 평가액 대비 구매 가격**: 예술품의 전문가 평가액보다 낮은 가격에 구매하는 것이 안전마진이 될 수 있다.
2. **작가의 성장 잠재력**: 신진 작가의 작품을 구매할 때, 작가의 미래 성장 가능성을 고려한 안전마진을 적용할 수 있다.

안전마진 확보를 위한 전략

1. 철저한 시장 조사

부동산 투자에서 안전마진을 확보하기 위해서는 철저한 시장 조사가 선행되어야 한다. 이는 단순히 현재의 시세를 아는 것을 넘어, 해당 지역의 발전 계획, 인구 동향, 경제 지표 등을 종합적으로 분석해야 한다.

> **실제 사례** D씨는 인천의 한 주거지역에 투자하기 전, 6개월간 해당 지역의 개발 계획을 조사했다. 그 결과, 인근에 대규모 산업단지가 들어설 예정임을 알게 되었다. D씨는 이 정보를 바탕으로 산업단지 착공 전에 주변 아파트를 매입했고, 2년 후 20%의 시세 상승을 경험했다.

2. 가치 상승 요인 파악

부동산의 가치를 높일 수 있는 요인들을 미리 파악하고 이를 투자에 반영하는 것이 중요하다. 교통 인프라 개선, 학군 변화, 상권 발달 등이 대표적인 가치 상승 요인이다.

`실제 사례` E씨는 서울 외곽의 한 지역에 지하철 노선이 신설될 것이라는 정보를 입수했다. E씨는 지하철역 예정지 인근의 노후 빌라를 시세보다 10% 저렴하게 매입했다. 3년 후 지하철이 개통되면서 해당 부동산의 가치는 30% 이상 상승했고, E씨는 40%의 안전마진을 확보할 수 있었다.

3. 협상력 강화

매도자와의 협상에서 유리한 위치를 선점하는 것도 안전마진을 확보하는 중요한 방법이다. 이를 위해서는 충분한 자금력, 빠른 의사결정, 시장에 대한 깊은 이해가 필요하다.

`실제 사례` F씨는 부산의 한 상가건물 매입 과정에서 뛰어난 협상력을 발휘했다. 매도자가 급매를 원한다는 정보를 입수한 F씨는 현금거래와 빠른 계약을 조건으로 시세보다 15% 낮은 가격에 매입에 성공했다. 이는 F씨에게 상당한 안전마진을 제공했고, 향후 임대 사업에서 높은 수익률을 달성할 수 있는 기반이 되었다.

안전마진 적용 시 주의사항

1. 과도한 안전마진 추구 경계

너무 높은 안전마진을 추구하다 보면 좋은 투자 기회를 놓칠 수 있다. 시장 상황과 개별 부동산의 특성을 고려하여 적정 수준의 안전마진을 설정하는 것이 중요하다.

2. 정확한 가치 평가의 중요성

안전마진은 부동산의 실제 가치에 기반해야 한다. 따라서 정확한 가치 평가가 선행되어야 하며, 이를 위해 전문가의 조언을 구하거나 다양한 평가 방법을 활용하는 것이 좋다.

3. 시장 변화에 대한 지속적인 모니터링

부동산 시장은 끊임없이 변화한다. 따라서 투자 후에도 시장 상황을 지속적으로 모니터링하고, 필요시 전략을 조정하는 유연성이 필요하다.

결론적으로 부동산 투자에서 안전마진은 투자의 안정성과 수익성을 동시에 높일 수 있는 핵심 전략이다. 시장 가치보다 낮은 가격에 매입하거나, 예상보다 높은 수익률을 확보하는 등 다양한 방식으로 안전마진을 적용할 수 있다. 그러나 이를 위해서는 철저한 시장 조사, 정확한 가치 평가, 그리고 끊임없는 학습과 정보 수집이 필요하다. 안전마진을 통해 리스크를 관리하면서도 높은 수익을 추구하는 균형 잡힌 접근이 성공적인 부동산 투자의 핵심이다. 투자자들은 이러한 원칙을 바탕으로 나름대로 자신의 투자 전략을 수립하고 실행해야 한다.

부동산 투자성공,
외부효과를 읽어라!

아파트 가치는 크게 두 가지로 나뉜다. 하나는 아파트 자체의 가치이고, 다른 하나는 주변 환경이 만들어내는 가치이다. 아파트 자체의 가치는 평수, 구조, 건물 나이 등 눈에 보이는 특징으로 결정되는 것이다. 반면 주변 환경의 가치는 지하철역과의 거리, 학교와의 거리, 상권 발달 정도 등 입지 조건에 따라 달라지는 것이다.

아파트 앞에 지하철이 들어서고 대형마트가 생기면 집값이 오른다. 학교가 가까이 생기거나 공원이 조성되면 부동산 가치가 상승한다. 이처럼 주변 환경의 긍정적인 변화, 즉 정(+)의 외부효과는 부동산 가치를 높이는 핵심 동력이다.

물론 부동산 가치는 입지, 규모, 건물 상태 등 여러 요소가 얽혀 결정된다. 하지만 정의 외부효과만큼 큰 영향을 미치는 요인은 찾기 어렵다. 지하철역이 신설되면서 수억 원의 시세 차익을 본 투자자들의 사례가 정의 외부효과를 잘 보여준다.

따라서 성공적인 부동산 투자를 위해서는 현재의 가치보다 미래의 발전 가능성을 봐야 한다. 도시계획이나 개발 계획을 면밀히 분석해 정의 외부효과가 기대되는 지역을 찾아내는 것이 투자 수익을 높이는 지름길이다.

부동산 외부효과 완전정복

외부효과를 이해하기 쉽게 일상생활의 예시를 들어 설명해 보자.

정(+)의 외부효과(긍정적 외부효과)는 '좋은 영향'을 주는 것을 말한다.

한가지 예를 들면, "우리 동네에 예쁜 공원이 생겼어요. 덕분에 산책도 할 수 있고, 집값도 올랐네요!"와 같은 것을 정의 외부효과라고 한다. 기타 정의 외부효과의 예는 다음과 같다.

- 이웃집에서 예쁜 정원을 가꾸어서 동네 전체가 아름다워짐
- 카페가 생겨서 동네가 활기차고 편리해짐
- 학교가 가까이 생겨서 교육환경이 좋아짐

반면, 부(-)의 외부효과(부정적 외부효과)는 부동산 가치에 '나쁜 영향'을 주는 것을 말한다. 대표적인 부의 외부효과의 예로

"앞집에서 고층 건물을 지어서 우리 집에 햇빛이 안 들어와요."와 같은 것이다. 기타 부의 외부효과의 예는 다음과 같다.
- 공장에서 나오는 매연으로 주변 주민들이 피해를 봄
- 큰 도로가 생겨서 소음이 심해짐
- 쓰레기 처리장이 들어서서 집값이 떨어짐

2가지 외부효과의 가장 큰 차이점을 정리하면,
1. 정의 외부효과는 주변에 '득(得)'이 되는 영향을 준다.
2. 부의 외부효과는 주변에 '해(害)'가 되는 영향을 준다.
3. 정의 외부효과는 장려하고 싶은 것, 부의 외부효과는 줄이고 싶은 것이다.

이렇게 생각하면 쉽다:
"우리 동네에 생기면 기분 좋은 것이 정의 외부효과, 생기면 싫은 것이 부의 외부효과이다."

국내 사례를 통해 본 '정의 외부효과'

1. 서울 강남구 개발 사례

서울 강남구의 발전 과정은 정의 외부효과의 대표적인 사례이다. 1970년대 초반 강남 개발이 시작되었을 당시, 이 지역은 대부분 농지였다. 그러나 정부 주도의 대규모 개발 계획에 따라 도로, 지하철, 학교, 병원 등 다양한 인프라가 구축되면서 강남 지역의 부동산 가치는 급격히 상승했다.

특히 1982년 지하철 2호선 개통, 1988년 올림픽 개최를 위한 각종 시설 건설 등은 강남 지역 부동산 가치 상승의 큰 계기가 되었고 이는 정부의 정책과 대규모 투자가 만들어낸 대표적인 정의 외부효과이다.

2. 세종시 개발 사례

세종특별자치시의 개발도 정의 외부효과의 좋은 사례이다. 2012년 세종시가 출범한 이후, 정부 부처와 공공기관의 이전이 본격화되면서 주변 지역의 부동산 가치가 크게 상승했다. 특히 정부세종청사, 국책연구기관, 대학교 등의 입주로 인해 주변 상권이 활성화되고 주거 수요가 증가하면서 아파트 가격이 크게 올랐다.

세종시의 경우, 2015년 대비 2020년 아파트 평균 매매가격이 약 2배 이상 상승했다. 이는 정부 기관 이전이라는 정책적 결정이 만들어낸 정의 외부효과의 결과이다.

3. 용산 민족공원 개발 사례

용산 민족공원 개발은 오랫동안 외국 군대의 주둔지였던 부지를 국민의 휴식 공간으로 전환하는 상징적인 프로젝트이다. 당초 243만m^2였던 공원 면적이 군인아파트, 전쟁기념관, 용산가족공원, 국립중앙박물관, 경찰청 시설 예정부지를 추가 편입해 300만m^2(약 90만평)로 확장

될 예정이다. 세계적으로 도심내 공원으로 가장 크다고 하는 뉴욕 센트럴파크가 약 103만평이므로 비교하면 센트럴파크에 버금가는 규모의 도심 공원이 될 것으로 보인다. 용산공원 조성에 따른 경제적 유발 효과가 11조원으로 추산되며 조기 착수할 경우, 향후 15년간 생산 효과 7조 6798억 원, 부가가치 3조 5712억 원, 취업 효과 5만 9291명으로 분석되었다. 공원 개장 시기는 미군기지가 완전히 반환된 후 7년 후로 설정되어 있다. 아직 미군기지의 완전한 반환 시기가 확정되지 않아 정확한 착수 시기를 예측하기는 어려운 상황이다. 용산공원 개발 전후로 해서 주변 부동산 가치가 크게 상승할 것으로 예상된다. 이미 한남동 일대의 아파트 가격이 95억~115억 원대를 형성하고 있으며, 공원 조성 완료 시에는 더욱 상승할 것으로 전망된다. 용산공원은 남산-용산-한강으로 이어지는 서울의 남북 생태축을 연결하는 중요한 역할도 할 것으로 기대된다. 현재 공원은 단계적으로 개발되고 있으며, 일부 구역은 이미 개방되어 있다. 예를 들어, 2020년 7월에는 미군기지의 동남단에 위치한 장교숙소 5단지가 공개되었다. 용산공원은 민족성, 역사성, 문화성을 갖춘 국가공원으로 탈바꿈될 예정이며, 이는 인근 지역 주민들에게 뿐만 아니라 서울시민 전체에게도 큰 혜택을 줄 것으로 기대된다.

용산 민족공원의 사례는 도시 재생과 국가 상징 공간 조성의 가장 성공적인 모델이 될 수 있다. 이 프로젝트는 단순한 공원 조성을 넘어 역사적 의미 회복, 생태계 복원, 경제적 가치 창출 등 다양한 측면에서 중요한 의미를 지니고 있다. 향후 용산 민족공원이 완성되면, 대한민국의 새로운 랜드마크이자 시민들의 휴식 공간으로 자리잡을 것으로 기대된다.

4. 삼성역 주변 개발 사례

삼성역 주변은 대규모 개발 사업으로 인해 부동산 가치가 크게 상승할 것으로 예상된다. 영동대로 지하공간 복합개발 사업은 코엑스 사거리(9호선 봉은사역)에서 삼성역 사거리(2호선 삼성역) 사이 약 1km 구간으로 지하 5층, 시설면적 21만㎡ 규모이다.

또한 GTX-A, GTX-C, 위례신사선 등 다양한 철도 노선이 연결되는 광역복합환승센터가 조성되어 강남을 중심으로 수도권 곳곳을 잇는 편리한 교통 시스템 구축으로 접근성이 더 크게 향상된다. 더군다나 신분당선 3단계 연장 계획으로 CBD(용산) 업무 지구로의 이동 편의성이 증대될 것이다.아울러 국제교류복합지구 조성으로 테헤란로를 중심으로 대규모 개발 사업이 진행되고 있어 향후 가치 상승이 극대화될 것으로 예상된다. 이 외에도 GBC(Global Business Center), 잠실 MICE 등의 대규모 개발 호재가 산재해 있다.

이러한 개발 사업들로 인해 삼성역 주변 부동산 가치는 상승할 것으로 예상된다. 교통 편의성 향상과 업무 시설 확충으로 인해 주거 수요가 증가할 것이기 때문에 주거용 부동산 가치 상승과 함께 유동인구 증가로 인해 상권이 활성화되어 상업용 부동산의 가치가 크게 상승할 것이다.

또한 국제교류복합지구 조성으로 오피스 수요가 증가하여 업무용 부동산의 가치가 상승할 것이고, GBC 등 대규모 오피스 건물 입주로 주변 업무 시설의 가치도 함께 상승할 것으로 예상된다.

이러한 개발 사업들이 완료되면 삼성역 일대는 미래형 대중교통 허브이자 국제 비즈니스의 중심지로 자리잡을 것이며, 이는 주변 부동산 가치의 지속적인 상승으로 이어질 것이다.

5. 잠실운동장 일대의 대규모 개발

지하철 2·9호선 종합운동장역 인근에 주요 시설이 들어설 예정으로 잠실운동장 일대 개발계획 역시 정의 외부효과로 주변 부동산 가치 상승에 큰 영향을 미칠 것으로 예상된다. 개발 대상 면적은 35만7576m^2(수상면적 포함)이고 총 사업비는 2조1672억 원(전액 민자)이다. 새롭게 들어설 주요 시설로는 돔형 야구장(76m 높이, 3만석 이상), MICE센터, 스포츠콤플렉스, 업무·숙박·상업시설이다.

2026년 착공을 시작으로 2031년에 완공할 계획인 이 프로젝트는 '잠실 스포츠·MICE 복합공간 조성사업'으로 알려져 있으며, 다음과 같은 주요 특징을 가지고 있다. 이러한 개발 프로젝트는 잠실 지역을 국제 비즈니스와 스포츠, 문화가 어우러진 복합 단지로 탈바꿈시킬 예정이다. 이는 지역 경제 활성화와 일자리 창출에도 기여하고, 장기적으로 주변 부동산 가치 상승에 긍정적인 영향을 미칠 수 밖에 없다.

이러한 대규모 개발은 주변 부동산 가치에 긍정적인 영향을 미칠 것으로 예상되어 주변의 '리센츠' 아파트와 '잠실엘스' 아파트 등 주요 아파트 가격이 상승하는데 큰 기여를 할 것으로 보인다.

6. 강북지역의 주요 대규모 개발계획

강북지역의 몇가지 대규모 개발 계획 역시 정의 외부효과를 통해 주변 부동산 가치 상승에 큰 영향을 미칠 것으로 예상된다. 주요 개발 계획은 다음과 같다.

1) 창동·상계지구 개발

창동차량기지 이전 용지(25만m^2)에 바이오 정보통신(Bio-ICT) 산업 클러스터가 조성될 예정이다. 이는 첨단 기업 유치와 일자리 창출로 이어져 주변 지역의 경제 활성화와 부동산 가치 상승을 유도할 것이다.

2) 서울창조타운 조성

서대문구의 서울 혁신파크 용지(6만m^2)가 미디어 콘텐츠와 R&D 중심의 융복합 창조산업 클러스터인 '서울창조타운'으로 변모할 계획이다. 이는 주변 지역의 산업 구조를 고도화하고 관련 기업 및 인력 유입을 촉진해 부동산 가치 상승에 기여할 것이다.

3) 옛 국립보건원 부지 개발

서울시는 제1호 균형발전형 사전협상 대상지로 옛 국립보건원 부지를 선정했다. 이 지역은 지하철 3·6호선 불광역에 인접한 4만 8000m^2의 대규모 공공 유휴부지로, 2033년까지 창조타운으로 개발될 예정이다. 이러한 개발은 주변 지역의 인프라를 개선하고 일자리를 창출함으로써 부동산 가치 상승에 긍정적인 영향을 미칠 것이다.

이러한 개발 계획들은 강북 지역의 경제 활성화, 주거환경 개선, 문화 인프라 확충 등을 통해 정의 외부효과를 창출하고, 결과적으로 주변 부동산 가치의 상승을 이끌 것으로 전망된다.

해외 사례를 통해 본 정의 외부효과

1. 뉴욕 하이라인 파크 개발 사례

뉴욕 맨해튼의 하이라인 파크는 폐선된 고가 철로를 공원으로 재개발한 사례다. 2009년 첫 구간 개장 이후, 하이라인 주변 부동산 가치가 크게 상승했다. 뉴욕시 계획부의 보고서에 따르면, 하이라인 인근 부동산 가치는 2003년부터 2011년 사이 103% 상승했는데, 이는 같은 기간 첼시 지역 전체 평균 상승률 24%를 크게 웃도는 수치다.

이는 공원 조성이라는 공공 프로젝트가 주변 부동산 가치에 미친 정의 외부효과를 잘 보여주는 사례다. 특히 하이라인 파크는 단순한 녹지 조성을 넘어 문화 공간으로서의 역할도 하면서 주변 지역의 이미지 개선에도 크게 기여했다.

2. 뉴욕 센트럴파크와 주변 부동산 가치

센트럴파크는 주변 부동산 가치에 막대한 영향을 미치는 핵심 요소다. 센트럴파크 인근 부동산은 뉴욕에서 가장 비싼 가격대를 형성하고 있으며, 특히 공원 조망권을 가진 물건들의 가치가 매우 높다. 이 지역

아파트들의 평균 가격은 수백억 원대이며, 펜트하우스의 경우 수천억 원에 달한다. 또한 센트럴파크 주변에는 '억만장자 거리'라 불리는 초고가 주거지역이 형성되어 있다. 432 파크 에비뉴, 220 센트럴 파크 사우스, 센트럴 파크 타워 등이 이에 속한다.

센트럴파크 조망이 뛰어난 '센트럴 파크 사우스 단지' 220CPS 펜트하우스가 1억 달러(약 1400억 원)로 초 고가에 거래되었다. 이는 뉴욕시 주택매매 기록상 역대 세 번째로 비싼 거래다. 또한 헤지펀드 매니저 켄 그리핀이 220 센트럴 파크 사우스에 2억 3800만 달러(약 3332억 원)에 펜트하우스를 구매했는데, 이는 2019년 1월 거래 당시 전국 아파트 최고가를 기록했다.

센트럴파크 주변 부동산은 지속적인 가치 상승을 보이고 있다. 팬데믹 이후에도 맨해튼 부동산 시장은 호황을 기록했으며, 거래액은 300억 달러(약 42조 원)로 팬데믹 이전 수준을 넘어섰다. 한편 센트럴파크 주변 초고층 건물들이 공원의 경관을 해치고 그림자를 드리운다는 비판도 있어, 부동산 가치 상승과 공공 이익 사이의 갈등도 존재한다. 그러나 센트럴파크 주변 부동산은 5% 안팎의 자본수익률을 보이며 안정적인 투자처로 여겨지며, 특히 외국인 투자자들에게 인기가 높다.

3. 런던 올림픽 파크 개발 사례

2012년 런던 올림픽을 위해 개발된 퀸 엘리자베스 올림픽 파크도 정의 외부효과의 좋은 예시다. 올림픽 개최를 위해 런던 동부의 낙후 지역이었던 스트랫포드 일대에 대규모 투자가 이루어졌고, 이는 주변 지역의 부동산 가치 상승으로 이어졌다.

올림픽 개최 이후에도 이 지역은 지속적으로 발전했다. 올림픽 선수촌은 주거 단지로 전환되었고, 주변에 쇼핑몰과 오피스 빌딩이 들어서면서 지역 경제가 활성화되었다. 이로 인해 스트랫포드 지역의 부동산 가격은 2012년 이후 5년간 약 70% 상승했는데, 이는 같은 기간 런던 전체 평균 상승률 45%를 크게 웃도는 수치다.

정의 외부효과의 한계와 주의점

정의 외부효과가 부동산 가치 상승에 긍정적인 영향을 미치는 것은 사실이지만, 이를 활용시 몇 가지 주의해야 할 점이 있다.

1. **과대 평가의 위험**: 정의 외부효과에 대한 기대가 과도하게 부풀려져 부동산 가격이 비정상적으로 상승할 수 있다. 이는 장기적으로 부동산 시장의 불안정성을 높일 수 있다.
2. **불균형 발전**: 특정 지역에 정의 외부효과가 집중되면 지역 간 불균형이 심화될 수 있다. 예를 들어, 서울 강남 개발로 인한 강남북 격차 심화 문제는 여전히 해결해야 할 과제로 남아있다.
3. **부의 외부효과 동반 가능성**: 정의 외부효과와 함께 부의 외부효과가 동반될 수 있다. 예를 들어, 대형 쇼핑몰 입점으로 인한 교통 체증

증가, 소음 발생 등은 부의 외부효과로 작용할 수 있다.
4. **지속가능성 문제**: 정의 외부효과로 인한 부동산 가치 상승이 지속가능한지에 대한 의문이 제기될 수 있다. 예를 들어, 올림픽 개최로 인한 일시적 효과가 장기적으로 지속되지 않을 수 있다.

이렇게 여러 국내외 사례에서 보듯이 정의 외부효과는 분명 부동산 가치 상승에 중요한 역할을 한다. 고속도로, 대형 오피스 건물, 기업체 본사 건물, 대규모 공원 등의 건설은 주변 부동산의 가치를 높이는 데 기여한다.

부동산 투자자나 소유자는 정의 외부효과의 잠재적 영향을 인식하고 이를 투자 결정에 반영할 필요가 있다. 그러나 동시에 과대 평가의 위험성을 인지하고, 부동산의 내재적 가치와 다른 외부 요인들도 함께 고려하는 것이 바람직하다.

결론적으로, 정의 외부효과는 부동산 가치 상승의 중요한 요인이지만, 이를 너무 과대 평가하거나 맹신해서는 안 된다. 부동산 시장의 복잡성과 다양한 요인들을 종합적으로 고려하는 균형 잡힌 시각이 필요하다.

부동산 투자의 역설:
비싸게 사는 것이 성공의 열쇠다

　부동산은 항상 비싸게 사는 것이다. 이는 부동산 투자의 본질적인 특성이며, 투자자들이 반드시 이해해야 할 핵심개념이다. 내가 사려고 하는 아파트가 항상 비싸다고 느껴 70대 연령이 되도록 내집 하나 마련하지 못한 분들이 의외로 많다. 지금 매수하는 가격이 항상 싸다라는 생각을 가져야 투자를 실행할 수 있다. 개항기인 19세기 말, 종로 기와집 가격은 동전 28,000냥이었다고 한다. 현재 가치로 환산하면 약 18억 6,000만 원이었는데, 당시 하급 관료가 평생 모아도 구매 불가능할 정도로 집값이 폭등했다. 당시 기와집이 너무 비싸 매매가 드물었고 양반 가문 간 상속 위주로만 유지되었다. 결론은 옛날이나 지금이나 집값은 항상 비싸다.

　매수자들은 늘 자신이 너무 비싼 가격에 산다고 불평하지만, 이는 오히려 정상적인 현상이다. 부동산 시장에서 매도자는 결코 시세보다 낮은 가격에 팔려고 하지 않기 때문이다.

이러한 부동산의 특성은 역사적으로도 일관되게 나타났다. 조선시대에도 지방의 부자들이 수도인 한양에 집 한 채 사는 것을 꺼려했을 것이다. 당시에도 한양의 부동산이 너무 비싸다고 느꼈을 테니 말이다. 이는 현대에도 마찬가지다. 2000년대 초에도 지방 사람들은 서울의 부동산이 너무 비싸다는 생각에 투자를 망설였다. 그러나 이처럼 좋은 지역의 부동산은 항상 비싸게 느껴지는 법이다.

필자의 개인적인 경험도 이를 잘 보여준다. 필자의 부모님은 1970~1980년대에 강원도에서 제조사업을 크게 하셨다. 4형제 자식들을 서울에서 공부시키던 시절이었는데, 당시 서울의 부동산 가격이 너무 비싸다고 생각해 매입을 하지 않으셨다. 반면 이웃들은 그때 서울에 집 한 채를 마련했었다. 지금 돌이켜보면, 그 당시 서울의 부동산을 몇 개만 사두었더라도 엄청난 부자가 되어 있었을 것이다. 이는 부동산이 '항상 비싸게 사는 것'이라는 원칙을 이해하지 못한 결과였다.

부동산 가격이 불과 몇 개월 전보다 크게 올라 투자를 포기하는 사람들이 많다. 하지만 이는 부동산 시장의 특성을 제대로 이해하지 못한 결과다. 부동산은 본질적으로 항상 비싸게 살 수밖에 없는 자산이다. 매도자의 입장에서 생각해보면 이해가 쉽다. 누구나 자신의 부동산을 조금이라도 더 비싸게 팔고 싶어 하는 것이 당연하다.

실제 사례를 보면 이러한 특성이 더욱 명확해진다. 2019년 강북의 한 지역에서 낡은 주택을 사서 4층짜리 꼬마빌딩을 건축한 투자자가 있다. 당시 평당 3900만 원을 주고 매입했는데, 그는 이 가격이 너무 비싸다고 생각했다. 그러나 불과 몇 년 후, 주변 토지 가격은 평당 6000만 원 이상으로 올랐다. 결과적으로 그의 투자는 큰 성공을 거둔 셈이다.

이처럼 부동산은 매입 시점에는 항상 가장 비싼 가격에 사는 것이 당연하다. 과거의 가격이 얼마였든 상관없이, 현재 매도자가 부르는 가격이 곧 시세인 것이다. 역사적으로 볼 때 부동산은 인플레이션을 방어하는 훌륭한 수단이었다. 아무리 비싸게 샀다고 생각해도, 시간이 지나면 그 가격을 넘어서는 것이 부동산의 특성이다.

국제적인 사례를 보면 이러한 특성이 더욱 분명해진다. 1867년 미국이 러시아로부터 알래스카를 매입한 사례가 대표적이다. 당시 720만 달러(현재 가치로 약 16억 7000만 달러)라는 엄청난 금액을 지불했고, 미국 시민들은 당시 매입에 적극 가담했던 재무무장관의 이름을 따서 이를 "수어드의 냉장고" 또는 "북극곰의 정원"이라고 비난했다. 그러나 지금의 관점에서 보면, 이는 미국 역사상 가장 현명한 부동산 투자 중 하나였다. 알래스카는 현재 석유, 천연가스, 광물 자원의 보고로, 그 가치를 금전적으로 환산하기 어려울 정도다. 또 다른 대표적인 사례가 바로 2014년 현대자동차그룹의 삼성동 한국전력공사(KEPCO) 부지 매입이다. 당시 현대차그룹은 10조 5500억 원(약 101억 달러)이라는 천문학적인 금액을 제시하며 삼성전자와의 치열한 입찰 경쟁에서 승리했다. 이는 감정가의 3배가 넘는 금액으로, 평당 약 3억 6000만 원에 달하는 가격이었다. 당시 많은 전문가들과 언론은 이를 '터무니없이 비싼 가격'이라고 비판했다. 당시 LS자산운용의 A펀드매니저는 "입찰가격이 말이 안 된다. 충격을 받았다"고 말했다. 현대차, 기아차, 현대모비스 3사의 주가는 각각 9%, 7.8%, 7.9% 하락했으며, 하루 만에 시가총액 8조 원이 증발했다. 그러나 필자는 당시 대외 각종 재테크 강연에서 이 매입이 오히려 저렴한 투자라고 주장했다. 시간이 지나면서 이 주장이 옳았음이 입증되고 있다.

현대차그룹은 이 부지에 글로벌비즈니스센터(GBC)를 2030년 완공을 목표로 건설 중이며, 이는 현대차그룹의 새로운 랜드마크이자 서울의 새로운 명소가 될 것으로 기대되고 있다. 현재 GBC 부지의 가치는 평당 최소 6억 원에서 최대 9억 원 정도로 추정할 수 있다. 하지만 이는 추정치일 뿐이며, 실제 거래가 이루어진다면 그 가격은 더 상승할 것으로 전망하고 있다. 왜냐하면 삼성역 일대는 광역급행철도(GTX) 2개 노선이 교차하는 등 교통 호재가 있고, 영동대로 지하화 등의 개발 계획도 있어 현재 서울에서 가장 비싼 강남역 일대(평당 7억 원)보다 더 가격이 오를 수 있다는 전망도 있다. 이 사례는 부동산 투자에서 '비싸게 사는 것'이 오히려 성공의 열쇠가 될 수 있음을 보여준다. 매입 당시 현대차그룹 관계자는 "1,000만대 생산 능력과 글로벌 톱5 기업에 걸맞은 브랜드 가치를 위해 글로벌 비즈니스센터가 필요하다"고 설명했다. 이는 단순한 부동산 매입이 아닌, 기업의 미래 가치를 위한 전략적 투자였던 것이다.

부동산의 가치는 주변 환경과 경제 발전에 따라 크게 변한다. 한 국가의 경제가 발전할수록 부동산의 가치는 상승하게 되어 있다. 특히 우리나라와 같이 지속적인 경제 성장이 예상되는 국가에서는 서울을 포함한 수도권과 발전 가능성이 높은 지역의 부동산 가치가 계속해서 오를 수밖에 없다. 조선시대의 한양, 2000년대 초의 서울, 그리고 현재의 핵심 지역들까지, 좋은 입지의 부동산은 언제나 비싸게 느껴졌지만 결국 그 가치를 입증해왔다.

또 다른 사례로 싱가포르의 마리나 베이 샌즈 호텔 부지를 들 수 있다. 싱가포르 정부는 2005년 이 부지를 38억 싱가포르 달러(약 3조 4천억 원)에 매각했다. 당시 이 가격은 터무니없이 비싸다는 비판을 받았다. 그러나 현재 이 부지는 싱가포르의 랜드마크가 되어 연간 수십억 달러의 관광 수입을 창출하고 있으며, 부동산 가치 또한 매각 당시의 몇 배로 뛰어올랐다.

결론적으로, 부동산은 항상 비싸게 사는 것이 정상이다. 투자자들은 이러한 특성을 이해하고 받아들여야 한다. 당장은 비싸게 느껴지더라도, 장기적인 관점에서 부동산의 잠재적 가치를 평가하는 것이 중요하다. 경제가 발전하고 도시화가 진행될수록 부동산의 가치는 더욱 높아질 것이다. 따라서 부동산 투자에서 성공하려면 현재의 '비싼' 가격에 주눅 들지 말고, 미래의 가치와 잠재력을 정확히 평가하는 안목을 키워야 한다. 부동산은 비싸게 사더라도 장기적으로는 투자자에게 큰 이익을 가져다 줄 수 있는 안정적이고 가치 있는 투자 수단임을 명심해야 한다. 역사적으로 봤을 때, 좋은 위치의 부동산은 언제나 비싸게 느껴졌지만, 결국 그 가치를 입증해왔다는 점을 기억해야 할 것이다.

부동산 가격이 항상 비싼 이유

그렇다면 왜 사람들은 계속해서 부동산이 '비싸다'고 느끼는 것일까? 이는 부동산의 가치 상승 속도와 관련이 있다. 부동산은 일반적으로 시간이 지남에 따라 가치가 상승하는 경향이 있다. 특히 좋은 입지의 부동산은 더욱 그렇다. 따라서 과거의 가격과 비교하면 항상 '비싸게' 느껴질 수밖에 없다.

또한, 부동산은 다른 투자 상품과 달리 '고가'의 상품이다. 일반적인 소비재나 다른 투자 상품에 비해 훨씬 큰 금액이 필요하기 때문에 심리적으로 '비싸다'고 느끼기 쉽다. 하지만 이는 부동산의 본질적 가치나 미래 가치를 고려하지 않은 단순한 감정적 반응일 뿐이다.

부동산 투자에서 성공하기 위해서는 이러한 '비싸다'는 감정을 극복하고, 객관적인 시각으로 부동산의 가치를 평가할 수 있어야 한다. 중요한 것은 현재의 가격이 아니라, 해당 부동산의 미래 가치와 수익성이다. 좋은 입지, 개발 가능성, 임대 수요 등을 종합적으로 고려하여 투자 결정을 내려야 한다.

부동산 투자에서 성공한 사람들의 공통점은 바로 이 '비싸다'는 감정을 극복하고 과감하게 투자를 결정했다는 것이다. 그들은 현재의 높은 가격에 주목하기보다는 미래의 가치 상승 가능성에 집중했다. 실제로 많은 성공적인 부동산 투자 사례를 보면, 당시에는 '비싸다'고 여겨졌던 부동산이 시간이 지나면서 큰 수익을 안겨준 경우가 많다.

따라서 부동산 매매 시 항상 비싼 가격에 살 수 있는 대담함을 갖추는 것이 중요하다. 이는 무모함과는 다르다. 철저한 시장 분석과 미래 가치에 대한 정확한 예측을 바탕으로 한 대담함이어야 한다. 이러한 태도를 갖출 때 비로소 진정한 부동산 투자가 가능해진다.

물론 이는 모든 부동산이 무조건 비싸게 사도 된다는 의미는 아니다. 여전히 적정 가치 평가는 중요하다. 다만, '비싸다'는 감정에 휘둘려 좋은 투자 기회를 놓치지 말아야 한다는 것이다. 부동산의 가치는 단순히 현재의 가격으로만 판단할 수 없다. 미래의 발전 가능성, 주변 환경의 변화, 정부의 정책 방향 등 다양한 요소를 종합적으로 고려해야 한다.

결론적으로, 부동산은 항상 '비싸게' 사는 것이 원칙이다. 이는 부동산 시장의 특성상 피할 수 없는 현상이며, 오히려 이를 받아들이고 적극적으로 대처하는 자세가 필요하다. '비싸다'는 감정에 휘둘리지 말고, 객관적인 시각으로 부동산의 가치를 평가하고 투자 결정을 내려야 한다. 이러한 태도를 갖출 때 비로소 성공적인 부동산 투자가 가능해질 것이다.

내집 마련,
지금 당장 해야하는 이유

부동산 가격은 지구가 멸망할 때까지 지속적으로 오를 것이다. 이는 단순한 추측이 아닌, 경제적, 사회적 요인들이 복합적으로 작용한 결과다.

다만, 부동산 가격의 지속적인 상승은 모든 지역에 균일하게 적용되는 것이 아니라는 점을 먼저 짚고 넘어가야 한다. 이러한 상승 추세는 주로 서울과 수도권, 그리고 일부 광역시의 인기 있는 지역에 국한된다. 지역에 따른 부동산 가치의 변동은 상당한 차이를 보인다. 서울과 수도권의 부동산은 대체로 높은 상승세를 유지하는 반면, 지방의 경우 그 양상이 매우 다양하다.

특히 같은 지방이라도 광역시의 일부 핵심 지역과 그 외의 일반 시군읍면 지역 사이에는 현저한 격차가 존재한다. 광역시의 주요 지역에서는 어느 정도의 가치 상승을 경험할 수 있지만, 그 외의 지역에서는 오히려 수요 부족으로 인해 거래가 거의 이루어지지 않는 경우도 있다. 이는 해당 지역의 경제 상황, 인구 변화, 개발 계획 등 다양한 요인에 의해 영향을 받는다.

따라서 부동산 투자를 고려할 때는 이러한 지역별 차이를 충분히 인식하고, 각 지역의 특성과 미래 전망을 면밀히 분석하는 것이 중요하다. 모든 부동산이 동일한 가치 상승을 보장하는 것은 아니며, 지역과 상황에 따라 그 양상이 크게 달라질 수 있음을 항상 염두에 두어야 한다.

상기 내용을 감안하더라도 필자가 직접 거주한 경험이 있는 미국을 비롯 해외 여러 선진국들 대상으로 부동산 답사를 다니며 얻은 국내외 부동산 경험을 바탕으로 일반적으로 부동산, 특히 주택 가격이 계속해서 상승할 수밖에 없는 이유를 7가지로 정리해 보고자 한다.

부동산 가치 상승의 7가지 불변의 법칙

1. 주택은 선택이 아닌 필수재다

주택은 우리 삶에서 특별한 위치를 차지하는 재화이다. 일반적인 상품과는 달리, 주택은 선택의 여지가 거의 없는 필수품이다. 우리는 옷이나 전자제품을 살 때 '지금은 돈이 없으니 나중에 사자'라고 결정할 수 있지만, 주택의 경우 그렇게 할 수 없다. 모든 사람에게 안전하고 안정적인 주거 공간은 기본적인 삶의 조건이기 때문이다.주택의 또 다른 특징은 국제 무역의 대상이 되기 어렵다는 점이다. 예를 들어, 우리나라에 쌀이 부족하면 외국에서 수입할 수 있고, 반대로 남으면 수출할 수 있다. 하지만 주택은 그렇지 않다. 한 나라의 주택 부족 문제를 다른 나라에서 주택을 수입해 해결할 수 없으며, 주택이 남는다고 해서 이를 외국으로 수출할 수도 없다.

이러한 주택의 고유한 특성들 '필수재적 성격과 비교역재적 특성'은 주택에 대한 지속적이고 안정적인 수요를 만들어낸다. 해외로부터 외국인 노동자의 유입과 중장기적인 출산지원 정책 등으로 인해 인구가 증가하고 1~2인 가구 수가 늘어나면, 그에 따라 주택 수요도 자연스럽게 증가한다. 그리고 이렇게 꾸준히 이어지는 수요는 주택 가격을 상승시키는 근본적인 원동력이다.

2. 공급 부족은 영원한 숙제다

주택의 필수재적 성격과 희소성이라는 특성 때문에, 역사적으로 어느 국가, 어느 시대를 막론하고 공급량에 비해 수요량이 항상 크다. 이러한 구조적인 불균형은 주택 가격의 상승을 불가피하게 만든다.

특히 서울은 2023년 말 기준 주택보급률이 93.6%로 전국에서 가장 낮으며, 서울의 가구 수(414만1700가구)에 비해 주택 수(387만8500가구)가 26만3200가구나 부족한 상황이다. 더욱이 서울의 주택 노후화 문제도 심각한 수준이다. 부동산 정보업체 리얼하우스 발표에 따르면 2024년 10월 기준, 서울 공동주택(아파트 등) 중 20년 이상 된 건물의 비중이 59.5%에 달한다. 이는 서울 아파트 10채 중 6채가 노후화되었음을 의미하며, 특히 노원구, 도봉구, 강북구 등 일부 지역에서는 그 비율이 90%까지 치솟고 있다. 반면 강남3구(강남,서초,송파구)는 노후 주택 비율이 47.6%를 기록했다. 서울의 주택 노후화 문제가 심각한 수준이라는 사실을 잘 보여주고 있다.

더군다나 주택 공급 역시 둔화되며 가구 수 분화 속도를 따라잡지 못하고 있으며, 2023년 서울의 주택 준공(입주)은 4만1218가구로 2009년(3만5390가구) 이후 14년 만에 가장 적은 수준을 기록했다.

3. 원자재 가격 상승은 피할 수 없는 현실이다

최근의 사례를 보면, 불과 2-3년 전만 해도 서울에서 투룸 오피스텔을 3억 원에 분양할 수 있었다. 그러나 지금은 같은 규모의 오피스텔이 4~5억 원대에 분양되고 있다. 이는 토지 가격 상승, 건축 자재비와 인건비 등 건축비의 지속적인 증가 때문이다. 이러한 원가 상승은 새로운 건물의 가격을 올리고, 연쇄적으로 기존 건물의 가치도 상승시킨다.

4. 토지 가격 상승은 주택 가격 상승의 근간이다

주택 가격 상승의 가장 큰 원인은 단연 땅값 상승이다. 토지는 더 이상 생산될 수 없는 유한한 자원이며, 도시화와 경제 발전에 따라 그 가치는 계속해서 상승한다. 예를 들어, 1980년대 초 서울 강남의 땅값은 평당 100만 원 수준이었지만, 현재는 지역에 따라 평당 수억 원을 호가한다. 이는 토지 가격이 얼마나 급격히 상승할 수 있는지를 보여주는 극적인 사례다. 역사적으로 서울 땅값은 계속 올랐고 미래에도 계속 오를 수

밖에 없다.

5. 저금리는 실질 자산 가격을 상승시킨다

전 세계적으로 경제가 발전한 국가일수록 고령화와 저출산 현상이 심화되고 있다. 이는 소비 감소로 이어져 저성장, 저금리 현상을 초래한다. 저금리 환경에서는 실물 자산, 특히 부동산의 상대적 가치가 높아진다. 일본의 사례를 보면, 장기간의 저금리 정책으로 인해 부동산 가격이 꾸준히 상승해왔다. 경제이론상 선진국으로 접어들수록 GDP성장률이 떨어지기 때문에 저금리는 불가피하다.

6. 주택은 최고의 인플레이션 헤지 수단이다

역사적으로 주택은 장기적으로 인플레이션을 방어하는 가장 훌륭한 헤지 수단으로 여겨져 왔다. 인플레이션으로 물가가 상승할 때, 주택 가격은 일반적인 물가 상승률을 상회하여 오르는 경향이 있다. 예를 들어, 미국의 경우 1940년부터 2022년까지 주택 가격은 연평균 5.5% 상승했는데, 이는 같은 기간 소비자물가지수(CPI) 상승률 3.8%를 크게 웃도는 수치다.

7. 국민소득의 상승은 주택 가격 상승의 강력한 동력이다

경제 발전에 따른 국민소득의 증가는 주택 가격 상승의 중요한 요인이다. 소득이 늘어나면 주택에 대한 구매력이 높아지고, 이는 곧 수요 증가로 이어져 가격 상승을 유발한다. 한국의 경우, 1970년대 초반 한국의 1인당 국민총소득(GNI)은 280달러에 불과했지만, 2024년 GNI는

36,709달러(약 44,051,000원, 2025.1월 환율기준)으로 약 131배 크게 증가했다. 같은 기간 서울의 주택 가격은 이를 훨씬 상회하는 수준으로 상승했다. 예를 들어, 1970년대 초 서울 강남의 아파트 가격이 평당 10만 원 수준이었다면, 현재는 평당 5,000만 원을 훌쩍 넘어서는 경우가 많다. 이는 국민소득 증가가 주택 가격 상승에 미치는 영향을 잘 보여주는 사례다.

특히 프라임 로케이션에 위치한 주택의 가격 상승률은 더욱 두드러진다. 홍콩의 경우, 지난 20년간 주택 가격이 평균 300% 이상 상승했으며, 특히 빅토리아 하버와 같은 프리미엄 지역의 상승률은 이를 훨씬 상회했다.

결론적으로, 앞으로도 자가주택 보유율이 100%에 도달하지 않는 한, 주택 보유자들은 다른 재화 보유자들보다 가장 효과적인 인플레이션 헤지 효과를 볼 것으로 예상된다. 국민소득 증가와 함께 주택의 가치는 더욱 상승할 것이며, 이는 주택 소유의 중요성을 더욱 부각시킨다. 따라서 내 집 마련은 단순한 주거 안정의 문제를 넘어, 장기적인 자산 가치 보존과 증식의 핵심 전략이 될 것이다. 지금이야말로 내 집 마련을 진지하게 고민해야 할 때다.

화폐 vs 부동산:
당신의 자산은 어디에 있습니까?

화폐와 부동산은 경제 시스템의 핵심 요소이지만, 그 가치와 특성에는 큰 차이가 있다. 이 두 자산의 특징을 비교해보면 우리의 재테크 전략에 중요한 시사점을 얻을 수 있다.

화폐는 거래의 매개체로서 중요한 역할을 한다. 그러나 5만 원권 지폐를 예로 들면, 시간이 지날수록 그 실질 가치는 감소한다. 이는 인플레이션 때문이다. 예를 들어, 2010년에 5만 원으로 살 수 있었던 물건이 2025년에는 더 비싸진 가격으로 구매해야 한다.

화폐의 주요 특징은 다음과 같다.

1. 이동성: 쉽게 이동하고 저장할 수 있다.
2. 액면가 고정: 인쇄된 금액이 변하지 않는다.
3. 공급 조절 가능: 정부와 중앙은행이 통화량을 조절할 수 있다.
4. 물리적 취약성: 화재 등으로 소실될 수 있다.

반면, 부동산은 화폐와는 다른 특성을 가진다:

1. 부동성: 이동이 불가능하다.
2. 가격 변동성: 시장 상황에 따라 가치가 변한다.
3. 희소성: 특정 지역의 부동산은 제한적이다.
4. 실물 자산: 직접 사용하거나 임대할 수 있다.

부동산의 가치는 고정되어 있지 않다. 예를 들어, 서울의 한 아파트가 2020년에 10억 원이었다면, 2025년에는 15억 원으로 상승할 수 있다. 이는 부동산의 가치가 수요와 공급, 경제 상황, 정부 정책 등 다양한 요인에 의해 결정되기 때문이다.

실제 사례를 보면, 2022년 5월 서울 한남더힐의 전용면적 240m^2가 110억 원 이상에 거래된 것은 부동산의 희소성과 고급화 전략이 만난 결과이다. 이는 단순히 면적만으로 가격이 결정되지 않음을 보여준다.

화폐와 부동산의 가치 변화를 비교해보자. 2010년에 5억 원을 현금으로 보유했다면, 2025년에는 인플레이션으로 인해 그 실질 가치가 감소했을 것이다. 반면, 같은 금액으로 2010년에 강남의 아파트를 구입했다면, 2025년에는 그 가치가 크게 상승했을 가능성이 높다.

그러나 부동산 투자가 항상 안전한 것은 아니다. 예를 들어, 2008년 글로벌 금융위기 당시 미국의 주택 가격이 급락한 사례가 있다. 따라서 부동산 투자 역시 신중한 접근이 필요하다.

결론적으로, 화폐는 거래의 편의성과 유동성을 제공하지만 인플레이션에 취약하다. 반면 부동산은 장기적으로 가치 상승의 잠재력이 있지만, 유동성이 낮고 초기 투자금액이 크다는 단점이 있다. 따라서 개인의 재무 상황과 목표에 따라 화폐와 부동산을 적절히 조합하여 자산을 관리하는 것이 중요하다.

돈을 재우지 말고 깨워라: 현재 가치의 마법

돈은 움직일 때 그 진정한 가치를 발휘한다. 현재의 1억 원과 미래의 1억 원 사이에서 선택해야 한다면, 현명한 투자자는 주저 없이 현재의 1억 원을 선택한다. 이는 단순한 선택이 아니라 경제적 원리를 이해한 결정이다.

돈의 가치는 시간이 흐를수록 감소한다. 이는 인플레이션이라는 경제 현상 때문이다. 예를 들어, 10년 전 1억 원으로 살 수 있었던 물건이 현재는 1억 5천만 원이 필요할 수 있다. 따라서 미래의 1억 원은 현재의 1억 원보다 실질적인 구매력이 낮다.

현재의 1억 원을 투자하면 미래에는 그 이상의 가치를 창출할 수 있다. 예를 들어, 연 5%의 수익률로 10년간 투자한다면, 1억 원은 약 1억 6천만 원으로 증가한다. 이는 단순히 현금으로 보유했을 때의 1억 원보다 훨씬 큰 가치이다.

실제 사례를 보면, 2010년에 1억 원을 가장 안정적인 주식투자로 미국 S&P 500 지수에 투자했다면, 2025년에는 약 3억 원 이상의 가치로 성장했을 것이다. 반면, 같은 기간 동안 현금으로 보유했다면 인플레이션으로 인해 실질 가치가 감소했을 것이다.

따라서 현금을 단순히 보관하는 것은 금전적 손실을 초래할 수 있다. 현명한 투자자는 돈을 '재우지' 않고 '깨워' 투자한다. 물론 투자에는 리스크가 따르므로, 개인의 상황과 목표에 맞는 적절한 투자 전략을 세우는 것이 중요하다.

돈의 현재 가치를 이해하고 이를 활용하는 것이 재테크의 핵심이다. 단순히 돈을 모으는 것에서 그치지 말고, 그 돈을 어떻게 '깨워' 더 큰 가치를 창출할 것인지 고민보라. 이것이 바로 현명한 투자자의 자세이다.

부동산 투자의 황금 법칙: 개발호재와 초기 투자의 기술

　부동산 투자에서 성공하기 위해서는 가치 있는 지역을 발굴하는 안목이 필수적이다. 그러나 일반 초보 투자자가 개발호재가 있을 지역을 미리 예측하여 대박이 날 투자 지역을 선점하기는 현실적으로 매우 어렵다. 개발호재를 발견하는 것은 상당 부분 운에 의존할 수밖에 없는 것이 사실이다.

　그러나 시행사나 부동산 투자 전문가들은 일반인들과는 다른 차원의 동물적 감각을 보유하고 있다. 이들은 오랜 경험과 전문성을 바탕으로 개발 가능성이 높은 지역을 남들보다 먼저 포착해내는 능력이 있다. 따라서 투자 대상 지역에 정통한 현장 전문가들, 즉 공인중개사나 해당 지역을 전문적으로 분석하는 부동산 전문가들의 의견을 경청하는 것이 중요하다.

현재 진행되고 있는 용인 반도체 클러스터 개발 사례는 초기 투자의 중요성을 잘 보여준다. SK하이닉스는 용인시 처인구 원삼면 일대 415만m^2 부지에 120조원을 투자해 4개의 반도체 공장 건설로 반도체 클러스터를 조성하고 있으며, 삼성전자도 처인구 남사읍 일원 728만m^2에 360조원을 투자해 6개의 대규모 반도체 공장을 건설할 예정이다. 이를 통해 160만개의 일자리 창출과 400조원의 부가가치가 발생할 것으로 예상된다. 이러한 대규모 개발 계획은 주변 부동산 가치에 큰 영향을 미치게 된다.

실제로 2023년 전국 토지가격이 0.82% 상승한 것에 비해 용인 처인구는 6.66% 상승했다. 이는 개발호재가 지역 부동산 가치에 미치는 영향을 잘 보여주는 사례이다. SK하이닉스 부지의 경우, 현재 부지 정지 및 인프라 구축 작업이 진행 중이며 부지조성 공사가 75% 이상 진행되었다. SK하이닉스는 2025년 3월에 첫 번째 반도체 제조시설 착공을 시작으로 2027년 준공을 목표로 하고 있으며, 삼성전자는 2026년 12월 착공, 2030년 12월 첫 공장 가동을 계획하고 있다.

이러한 상황에서 투자자들이 주목해야 할 점은 다음과 같다. 첫째, 교통 인프라 개발이다. 둘째, 50여 개의 소재·부품·장비 협력업체가 입주할 예정이라는 점이다. 이는 업무시설과 물류시설에 대한 수요 증가로 이어질 것이다.

교통 인프라에서 처인구 이동읍과 원삼면을 지나는 지방도 318호선 공사도 현재 왕복 2~4차로를 6차로로 확장 중이고 2027년 2월 준공이 목표이다. 산업단지로 진입하는 4차로 신설도로도 2025년 중 건설예정이다. 평택-안성-용인을 연결하고 있고, 용인시 이동읍과 남사읍을 관통하는 국도 45호선이 4차로에서 8차로로 확장되고, 원삼 용인반도체 클러스터에서 국도 17호선(백봉사거리)까지 5.5km 구간도 왕복 2차로에서 4차로로 확장하는 공사가 진행 중이다. 이는 SK하이닉스의 반도체 팹 가동 후 예상되는 교통량 급증에 대비하기 위한 것이다.또한 SK하이닉스와 삼성전자의 반도체 공장, 협력업체들의 물류비용 절감과 특히 인천공항으로의 물류 이동시간이 크게 단축되고 수도권 내 반도체 관련 기업들과의 네트워크 강화라는 시너지 효과를 가져다 줄 경부지하고속도로가 예비타당성 조사를 통과했다. 이러한 교통 인프라 확충은 해당 지역의 가치를 더욱 높일 것이다.

2027년 착공될 예정인 경부지하고속도의 완공으로 서울-용인 간 이동시간이 대폭 단축되어 수도권의 우수 인력 확보가 용이해질 뿐만 아니라 현재 경부고속도로 기흥-양재 구간 통행시간이 평균 47분에서 17분으로 단축될 전망이다.

이처럼 개발호재가 확정되었더라도 실제 개발이나 건축 행위가 시작되지 않은 상태라면, 여전히 높은 수익을 기대할 수 있는 초기 투자 단계로 볼 수 있다. 초기 투자자들이 더 큰 수익을 얻을 수 있는 것은 당연한 이치이다. 이는 후기 진입자들에 비해 더 긴 투자 기간과 더 높은 리스크를 감수하는 것에 대한 정당한 보상이다. 필자도 용인반도체클러스터 주변지역에 여러차례 방문해서 토지 임장을 해보았는데 아직 적정한 가격에 토지매입이 가능한 상황이다.

그러나 주의해야 할 점도 있다. 일부 부도덕한 전문가들은 허위 정보나 과장된 호재를 내세워 투자자들을 현혹하기도 한다. 용인 반도체 클러스터의 경우에도 자동화 설비 도입으로 인한 일자리 창출 효과가 예상보다 적을 수 있으며, 이미 일부 구역의 토지가격은 상당히 상승한 상태로 추가 상승 여력이 제한적일 수 있다는 점을 고려해야 한다. 필자가 주변 부동산업자를 통해 소개받아 임장간 토지는 쓸모없는 수준의 토지임에도 높은 매매가를 요구하는 경우도 보았기 때문에 토지 투자를 할 때는 반드시 여러 전문가의 의견을 충분히 받아 결정하는 것이 중요하다.

투자자 스스로가 부지런히 발로 뛰며 여러 부동산을 살펴보고 다양한 전문가들과 상담하다 보면, 신뢰할 수 있는 전문가를 만날 확률이 높아진다. 또한 이 과정에서 전문가의 진정성을 판단할 수 있는 분별력도 자연스럽게 생기게 된다. 어떤 분야에서든 노력하는 자가 실패 확률을 줄일 수 있다는 것은 변하지 않는 진리이다.

결론적으로, 성공적인 부동산 투자를 위해서는 신뢰할 수 있는 전문가의 조언을 참고하되, 투자자 스스로도 끊임없이 공부하고 현장을 발로 뛰는 자세가 필요하다. 용인 반도체 클러스터 사례에서 보듯이, 대규모 개발 계획이 확정되었으나 아직 실제 개발이 시작되지 않은 초기 단계의 투자 기회를 포착하는 것이 중요하다. 이러한 노력과 안목이 결합될 때, 부동산 투자에서 의미 있는 성과를 거둘 수 있을 것이다.

부동산 투자의 황금률: 주택이 가장 안전한 투자인 이유

**현금흐름부터 세제혜택까지,
주택투자가 좋은 5가지 이유**

주택 투자는 여러 투자 상품 중에서도 가장 안정적이고 검증된 자산 증식 수단이다. 특히 주식이나 가상화폐와 같은 투기성 자산과 달리, 주택은 실물자산으로서 안정적인 가치 상승과 함께 꾸준한 현금흐름을 제공한다.

가장 큰 장점은 안정적인 현금흐름 창출이다. 주택은 매월 임대료 수입을 통해 예측 가능한 수익을 제공한다. 예를 들어, 서울의 경우 2024년 기준 주거용 부동산의 임대수익률이 평균 4~5%를 기록하고 있다. 6억 원 아파트를 기준으로 연간 2,400만 원에서 3,000만 원의 안정적인 임대수익을 기대할 수 있다는 의미다. 이는 주식의 배당수익률(평균 2%)이나 회사채 수익률(4% 내외)과 비교해도 경쟁력 있는 수준이다.

두 번째로, 주택은 실물자산으로서 뛰어난 가치 보존 능력을 가지고 있다. 자동차나 전자제품과 같은 일반 동산은 시간이 지날수록 가치가 감소하지만, 주택은 오히려 가치가 상승하는 특징이 있다. 특히 인플레이션 시기에도 실질 가치가 보존되는 '인플레이션 헤지' 효과가 있다. 실제로 한국부동산원 통계에 따르면, 지난 20년간 서울 아파트 가격은 연평균 7.8%의 상승률을 기록했다. 이는 같은 기간 물가상승률(2.5%)을 크게 상회하는 수준이다.

세 번째로 주목할 점은 레버리지 효과다. 주택담보대출이나 전세제도를 활용하면 적은 자본으로도 큰 규모의 투자가 가능하다. 예를 들어 LTV(주택담보대출비율) 70%를 적용받으면, 10억 원 주택을 3억 원의 자기자본으로 매입할 수 있다. 만약 주택 가격이 20% 상승한다면, 투자금액 대비 66.7%의 수익률을 달성할 수 있다. 이는 전액 자기자본으로 투자할 때의 수익률(20%)과 비교하면 3배 이상 높은 수준이다.

네 번째 장점은 다양한 세제 혜택이다. 1세대 1주택자의 경우 2년 이상 보유 시 양도소득세가 비과세되며, 다른 사람에게 임대 시 주택임대사업자로 등록하면 종합부동산세와 재산세 감면 혜택도 받을 수 있다. 또한 주택담보대출 이자비용은 소득공제가 가능하며, 임대소득에 대해서도 필요경비 인정을 통해 세부담을 줄일 수 있다.

마지막으로, 주택은 투자자가 직접 자산 가치를 높일 수 있는 특징이 있다. 리모델링이나 인테리어 개선을 통해 임대료를 올리거나 매매가격을 높일 수 있다. 예를 들어, 노후 주택을 매입해 리모델링한 후 임대하는 '가치창출형 투자'가 가능하다. 실제로 서울의 한 투자자는 3억 원에 매입한 다가구주택을 5천만 원을 들여 리모델링한 후, 5억 원에 매각하여 1억 5천만 원의 시세차익을 실현했다.

이러한 장점들은 통계로도 입증된다. 미국 연방준비제도이사회(FRB)의 소비자금융조사에 따르면, 미국 가계 자산의 90%가 주택자산이며, 한국은행 자료에서도 우리나라 가계 자산의 75%가 부동산인 것으로 나타났다.

물론 주택 투자에도 리스크는 존재한다. 금리 상승으로 인한 대출 부담 증가, 정부의 부동산 규제 강화, 경기 침체로 인한 임대수요 감소 등이 대표적이다. 하지만 장기적 관점에서 보면, 주택은 여전히 가장 안정적이고 검증된 투자 수단이다.

결론적으로, 주택 투자는 안정적인 현금흐름, 실물자산의 가치 보존, 레버리지 효과, 세제 혜택, 가치 상승 가능성 등 다양한 장점을 가지고 있다. 특히 저금리 시대가 마무리되고 있는 현 시점에서, 실물자산으로서 주택의 가치는 더욱 부각될 것으로 전망된다. 다만, 성공적인 주택 투자를 위해서는 입지, 시세, 규제사항 등을 종합적으로 고려한 신중한 접근이 필요하다.

재테크 성공,
시장이 아니라 종목이 결정

부동산 투자의 성패는 시장 상황보다 투자 대상의 선택에 달려 있다. 어떤 부동산에 투자하느냐가 성공과 실패를 가르는 핵심 요소이다. 시장 전반이 침체기에 접어들었다 하더라도 우량한 부동산은 여전히 좋은 성과를 낼 수 있다. 물론 시장이 호황일 때는 대부분의 부동산이 성공할 가능성이 높아지는 것은 사실이다. 하지만 이는 모든 부동산이 반드시 성공한다는 의미는 아니다.

이러한 점은 주식시장에서의 코스피 지수 그래프와 동일한 형태이다. 우리나라 코스피 지수도 장기간의 그래프를 그려보면 항상 우상향하는 모양을 나타내고 있지만, 그 사이사이 폭등과 폭락을 거치면서 우상향해 가는 모습을 보인다.

코스피 지수의 장기 추세를 살펴보면, 1980년 100포인트에서 시작하여 2025년 1월 31일 기준 2,517.37포인트까지 상승했습니다. 이는 45년 동안 약 25배 상승한 것으로, 연평균 7.5% 정도의 수익률을 보여준다. 하지만 이 기간 동안 여러 차례의 급등과 급락이 있었다.

예를 들어, 1997년 외환위기 때는 코스피가 350포인트 수준까지 폭락했고, 2008년 글로벌 금융위기 때는 900포인트까지 하락했다. 반면, 2021년 1월에는 사상 최고치인 3,305.21포인트를 기록하기도 했다.

개별 종목을 살펴보면 더욱 극명한 차이가 나타난다. 1990년부터 2020년까지 30년간의 기간을 분석해보면, 코스피 200에 포함된 대형주들 중 상당수가 기대에 미치지 못하는 성과를 보였다. 이 기간 동안 약 70%의 기업들이 시장 평균 수익률을 하회하거나 상장폐지되었고, 단지 30% 정도의 기업만이 시장 평균을 상회하는 수익률을 기록했다.

최근의 예로, 2024년 한 해 동안 코스피 지수는 약 28% 상승했지만, 이 상승의 대부분은 소수의 대형 기술주들이 주도했습니다. 특히 상위 10개 종목이 S&P 500 지수 시가총액의 34% 이상을 차지하며, 이들 종목의 수익률이 전체 시장 수익률을 크게 웃돌았다.

이러한 현상은 증권시장의 장기적 상승은 인정되지만, 어떤 종목을 선택하느냐가 매우 중요하다는 점을 시사한다. 따라서 부동산이든 주식이든 시장 평균이 오른다고 해서 모든 종목이 오르는 것은 아니며, 오히려 소수의 우량 부동산이나 주식들이 전체 시장의 상승을 주도하는 경향이 있다.

따라서 장기 투자를 목적으로 주식을 매수할 때는 단순히 시장 평균에 기대어 아무 부동산이나 주식을 매수하는 것이 아니라, 가치있는 부동산이나 주식 종목에 대해 종합적으로 고려하여 신중하게 종목을 선택해야 한다.

부동산 투자의 숨은 열쇠, 토지 가격을 읽어라

부동산 시장의 미래, 땅값에서 읽다

부동산 시장의 향방을 예측하는 핵심 열쇠는 해당 지역 땅값의 추세를 주시하는 것이다. 많은 투자자들이 부동산 시장의 미래를 점치려 노력하지만, 가장 확실한 지표는 바로 우리 발밑의 땅값이다. 이는 부동산 시장의 근간을 이루는 가장 기본적인 요소이기 때문이다.

일반적으로 부동산 투자자들은 아파트, 주택, 오피스텔, 상가 등 완성된 부동산에 투자하는 경향이 있다. 이는 직접적인 수익을 얻을 수 있고, 관리가 상대적으로 용이하기 때문이다. 그러나 토지 자체에 투자하는 경우는 상대적으로 드물다. 토지 투자는 전문성이 요구되고, 개발에 따른 리스크가 크기 때문에 일반 투자자들에게는 접근하기 어려운 영역으로 여겨진다.

시행사의 비밀: 땅값이 수익을 좌우한다

그러나 부동산 업계에서 시행사(건축주)들이 가장 큰 수익을 올리는 이유는 바로 이 토지 매매의 주체이기 때문이다. 그들은 토지의 가치 상승을 가장 먼저, 그리고 가장 크게 누리는 주체이다. 시행사들은 토지를 매입하고, 개발하여 건물을 짓고, 이를 분양하거나 임대하는 과정에서 막대한 수익을 창출한다. 이 과정에서 가장 큰 수익의 원천은 바로 토지 가치의 상승이다.

특정 지역의 현재 땅값을 알면, 수년 후 그 지역 내 다양한 부동산 가격을 어느 정도 예측할 수 있다. 이는 토지 가격이 결국 그 위에 세워질 건물의 가치를 결정하기 때문이다. 시행사나 건축주들은 토지 거래를 통해 땅값 동향을 직접 체감하며, 이를 바탕으로 주변 부동산 가격 추이를 정확히 예측한다. 그들은 현장에서 직접 토지를 매입하고 판매하면서 시장의 흐름을 몸으로 느끼고 있다.

일반적으로 토지 가격의 상승은 3~5년 후 주거용/상업용 부동산 가격 상승으로 이어진다. 이는 토지 매입부터 건축 완료까지 소요되는 시간을 고려한 것이다. 따라서 현재의 토지 가격 동향을 파악하면, 향후

3~5년 후의 부동산 시장 흐름을 어느 정도 예측할 수 있는 것이다.

강남 땅값의 놀라운 상승: 2년 만에 3배 뛴 가격

최근 서울 강남 역삼역 인근의 고급 오피스텔 분양 사례는 서울 도심 토지 가격 추세를 잘 보여준다. 2020년 평당 1억 2500만 원에 매입한 토지가 2025년에는 3억 5천만 원에서 4억 원까지 호가하는 상황이다. 이는 불과 5년 만에 토지 가격이 3배 이상 상승했음을 의미한다. 이러한 급격한 상승은 해당 지역의 개발 가능성과 미래 가치에 대한 시장의 기대를 반영한 것이다.

더욱 놀라운 것은, 같은 지역 내 8미터 도로를 끼고 있는 코너에 위치한 토지는 평당 7억 원을 호가하는 경우도 있다는 점이다. 이는 토지의 위치와 조건에 따라 가격 차이가 크게 벌어질 수 있음을 보여준다. 이러한 프리미엄 토지는 향후 고급 상업시설이나 오피스 빌딩 등이 들어설 가능성이 높아, 투자자들의 관심이 집중되고 있다.

이러한 땅값 상승은 필연적으로 건물 가격에 반영된다. 예를 들어, 현재 전용 기준 평당 1억 1천만 원에 분양되는 오피스텔이 있다고 가정해보자. 만약 인접 토지를 현재 시세인 평당 3억 5천만 원에 매입하여 동일한 건물을 지으려면, 건축 자재비 상승분까지 고려했을 때 평당 분양가는 1억 7천만 원으로 책정해야 수익이 나는 구조이다. 이는 토지 가격의 상승이 곧바로 건물의 분양가 상승으로 이어짐을 명확히 보여주는 사례이다.

이러한 현상은 단순히 강남 지역에만 국한된 것이 아니다. 서울 전역, 특히 도심 지역에서 비슷한 양상이 나타나고 있다. 재개발, 재건축 사업이 활발히 진행되는 지역에서는 더욱 두드러진다. 노후 주거지역이 새로운 주거단지로 탈바꿈하면서 토지 가치가 급상승하고, 이는 곧 주변 부동산 가격 상승으로 이어지고 있다.

또한, 정부의 도시계획 정책도 토지 가격에 큰 영향을 미친다. 예를 들어, 용도지역 변경이나 새로운 교통 인프라 구축 계획 등이 발표되면 해당 지역의 토지 가치는 급등하게 된다. 이는 미래의 개발 가능성과 편의성 증대에 대한 기대가 반영된 결과이다.

그러나 이러한 토지 가격 상승이 무조건적인 부동산 가격 상승으로 이어지는 것은 아니다. 경제 상황, 정부의 부동산 정책, 인구 변화 등 다양한 요인들이 복합적으로 작용하여 최종적인 부동산 가격을 결정한다. 따라서 투자자들은 토지 가격 동향과 함께 이러한 거시적 요인들도 함께 고려해야 한다.

결론적으로, 강남을 비롯한 서울 도심의 부동산 가격은 토지 가격 상승으로 인해 앞으로도 지속적인 상승 압력을 받을 것으로 예상된다. 그러나 이는 단기적인 현상이 아닌 중장기적인 관점에서 바라봐야 한다.

부동산 시장은 주기성을 가지고 있어, 단기적으로는 상승과 하락을 반복할 수 있기 때문이다.

부동산 투자자들은 이러한 토지 가격 동향을 주시하며 중장기적인 투자 전략을 수립해야 할 것이다. 단순히 현재의 건물 가격만을 보고 투자를 결정하는 것이 아니라, 해당 지역의 토지 가격 변동 추이, 개발 계획, 정부 정책 등을 종합적으로 고려해야 한다. 이를 통해 보다 안정적이고 수익성 높은 투자가 가능할 것이다.

MZ세대가 이끄는 수도권 부동산 시장의 새로운 패러다임
성수동의 기적과 투자 전략

수도권 집중 현상은 미래에도 지속될 전망이다. 1인 가구 증가, 직주 근접 수요 확대, 디지털 경제 발전 등이 이러한 흐름을 가속화할 것으로 예상된다[2]. 특히 MZ세대는 단순한 주거 공간을 넘어 라이프스타일을 담을 수 있는 공간을 원한다. 문화생활이 풍부하고 편의시설이 잘 갖춰진 수도권의 매력이 이들에게 더욱 강하게 어필할 것이다.

성수동의 변화와 부동산 시장 동향

한때 공업지역이었던 성수동은 최근 MZ세대의 핫플레이스로 떠올랐다. 카페, 레스토랑, 공유 오피스 등이 들어서면서 젊은 층의 유입이 급증했고, 이는 부동산 가격 상승으로 이어졌다. 2020년 대비 2024년 성수동의 상업용 부동산 가격은 평균 40% 이상 상승했으며, 주거용 부동산도 30% 이상의 상승률을 기록했다.

성수동의 아파트 가격 상승은 주목할 만하다. 국토교통부 실거래가 공개시스템에 따르면, 성수동양 전용 $84m^2$의 최근 거래 가격은 27억 6000만 원으로, 2024년 5월 거래 가격인 26억 원 대비 1억 6000만 원 상승했다. 성수동1가의 동아아파트 전용 $96m^2$ 역시 19억 4000만 원에 거래되었으며, 이는 2024년 초 매매가인 17억 9000만 원에서 1억 5000만 원 상승한 수치이다.

수도권 집중 현상의 원인과 영향

수도권 집중 현상의 주요 원인 중 하나는 일자리 불균형이다. 2017-2019년 데이터에 따르면, 경기, 인천, 서울의 수도권에는 평균적으로 560,664개 이상의 사업체가 있는 반면, 그 외 지방은 대부분 이에 미치지 못하는 사업체 수를 보유하고 있다. 이러한 일자리 분포의 불균형은 수도권 집중 현상을 더욱 심화시키고 있다.

또한, 인프라의 차이도 중요한 요인이다. 2021년 문화 시설 현황을 살펴보면, 경기도와 서울이 상당 부분의 문화 시설에서 상위권을 차지하고 있다. 이러한 문화 시설의 차이가 인프라의 차이를 발생시키며, 이는 수도권 집중 현상을 더욱 가속화시키고 있다.

부동산 투자 전략

부동산 시장의 변화는 거스를 수 없는 흐름이 되었다. 지방과 수도권의 양극화는 앞으로 더욱 심화될 전망이다. 감정적 판단을 배제하고 객관적인 시장 상황에 근거한 현명한 결단이 필요하다. 자산 가치를 지키기 위한 전략적 선택이 필요한 시점이며, 구체적인 행동 계획을 세우고 실행에 옮기는 것이 중요하다.

'기다리면 좋아지겠지'라는 막연한 기대보다는, 현재의 시장 상황을 정확히 인식하고 선제적으로 대응하는 것이 중요하다. 지방 부동산 시장의 침체는 단기적 현상이 아닌 장기적, 구조적 변화의 결과물이다. 따라서 투자자들은 이러한 변화에 맞춰 자신의 포트폴리오를 재조정할 필요가 있다.

투자 시 고려사항

다만, 모든 투자에는 리스크가 따르므로, 신중한 접근과 철저한 시장 분석이 전제되어야 한다. 수도권 진입 시 과열된 지역을 피하고, 향후 발전 가능성이 높은 지역을 선별하는 안목이 필요하다. 또한, 자금 여력과 투자 목적을 고려한 맞춤형 전략 수립이 중요하다.

이지스자산운용과 같은 부동산 전문 자산운용사들은 '지속 가능성'과 '장기적 수익성'을 중시하며, 공간의 '미래 가치'를 고려하여 투자 결정을 내린다. 이러한 접근 방식은 개인 투자자들에게도 중요한 시사점을 제공한다. 투자 대상 부동산이 어떻게 지역 경제에 기여할 수 있는지, 장기적 성장 동력을 어떻게 창출할 수 있는지를 고려해야 한다.

성동구의 부동산 시장 전망

성동구의 부동산 시장은 2024년 들어 큰 변화를 보이고 있다. 아파트 가격이 6.62% 상승하며 서울 25개 구 중 가장 높은 상승률을 기록했다. 이는 성동구의 뛰어난 입지 조건과 개발 잠재력이 반영된 결과로 볼 수 있다.

성동구는 한강변과 도심을 접하고 있어 뛰어난 입지 조건을 자랑한다. 또한, 성수전략정비구역과 같은 대규모 재개발 계획, 외지인의 증가, 그리고 우수한 입지가 중요한 요소로 작용하고 있다. 2023년 상반기의 매매가 상승률 2.47%는 서울 평균을 크게 웃돌며, 많은 주요 단지에서 신고가 거래가 나타났다.

결론적으로, 부동산 시장의 패러다임 변화는 위기이자 기회다. 이러한 변화를 정확히 인식하고 적절히 대응하는 투자자만이 앞으로의 부동산 시장에서 성공할 수 있을 것이다. 지금이야말로 냉철한 판단과 과감한 결단이 필요한 시점이다. 수도권, 특히 성수동과 같은 지역의 부동산 시장 동향을 주시하며, 장기적인 관점에서 투자 전략을 수립해야 할 것이다.

부동산 투자의 기준,
호재가 아니고 교통입지

실패하지 않는 투자를 원한다면 입지가 좋은 곳에 투자해야 한다는 것은 누구나 다 아는 사실이다. 그런데 초보 투자자들의 실수는 좋은 입지를 찾다가 투자 여윳돈이 부족하여 주택값이 저렴한 수도권이나 지방 외곽지역에 투자하는 경우이다. 물론 그곳도 입지를 따지자면 나쁘지 않다고 생각할 수 있다. 그 이유는 어떤 입지든지 주변에 개발되지 않는 곳이 없고 저마다 매물마다 개발호재로 포장해 놓기 때문이다.

개발 호재는 어디든 쉽게 찾을 수 있다는 사실을 염두에 둬야 한다. 우리나라 전국 각지의 토지나 부동산에 개발호재가 없는 곳은 단 한 군데도 없다. 서울이든 지방이든 어디든지 투자할 매물대상을 찾아가 보면 그럴듯한 매력적인 호재들에 대한 설명을 듣게 되는 것이다. 대한민국에서 가장 좋은 입지는 뭐니 뭐니 해도 인구 1000만 명이 살고 있는 수도 서울이다. 이렇게 좋은 입지를 놔두고 수도권이나 지방으로 원정 가서 꼭 투자해야 할 필요는 없다.

설령 은퇴해서 평생을 지방에 거주해 살더라도 부동산 투자만큼은 서울에 해두는 것이 절대원칙이다. 부동산 투자는 "첫째도 서울, 둘째도 서울이다"라는 사실만 죽을 때까지 기억하면 부동산 투자로 손해볼 일은 크게 없다. 물론 10년 이상 장기적 투자관점에서의 이야기이다. 서울은 평생 투자해도 좋을 소위 "평생 입지"이다. 서울의 땅값은 50년 전보다 크게 올랐고, 20년 전보다도 올랐으며, 10년 전보다도 올랐다. 심지어는 5년 전보다도 올랐고, 불과 3년 전보다도 올랐다. 앞으로도 영원히 오를 것이다. 따라서 지방이나 수도권보다는 서울 중심에 투자해야 한다.

서울만 하더라도 너무 넓다. 서울에도 개발호재가 없는 곳이 없을 정도로 여기저기 모든 지역이 개발 중에 있거나 개발예정 소식들이 넘쳐난다. 따라서 서울 중에서도 최고의 입지를 골라야 한다. 평생 처음 해보는 소위 "부린이(초보 부동산투자가)"이라도 숲은 보기 쉽지만 나무를 세세하게 들여다보고 투자하는 것은 사실상 어렵다. 그래서 초보 투자자가 안전하게 투자하는 방법은 호재가 아니고 교통입지부터 살펴보는 것이다.

향후 2호선 라인의 역세권 부동산가격은 평생토록 오를 일만 남아 있다. 일본 도쿄도 우리나라 못지않게 이미 1980년대부터 전철라인이 거미줄처럼 엮어져 있어 거의 포화상태이다. 그 중에서도 야마노테선 벨트라인 역세권의 부동산이 가장 비싼 지역이다. 대도시 중심의 전철 순환선의 가치상승은 어느 나라에서든 무궁무진하다. 홍콩의 경우처럼 원을 그리는 전철 순환선은 없지만 서울 강남과 같은 침샤추이 업무지구 인근에 있는 전철역 인근의 집값과 임대료가 가장 비싸다. 필자가 홍콩에 자주 가보면 침샤추이 중심지에서 전철로 20~30분 걸리는 외곽에 있는 호텔일수록 숙박료가 저렴하다. 왜냐하면 침샤추이처럼 홍콩 중심지 내 호텔의 숙박료는 엄청 비싸기 때문이다.

서울도 마찬가지이다. 코로나 이전까지만 해도 중국에서 우리나라로 오는 단체 여행객들이 주로 묵는 호텔은 동탄이나 안양 등 서울 중심에서 최소 30분~1시간 이상 떨어진 곳이다. 관광과 쇼핑은 광화문이나 동대문, 명동 등 서울 도심에 와서 하지만 숙박은 숙박료가 저렴한 도심 외곽에서 한다. 물론 재정적으로 여유 있는 여행객들은 광화문 중심이나 명동, 을지로 근처의 비싼 호텔에 숙박한다. 이처럼 호텔의 숙박비는 서울의 중심지에서 멀어질수록 숙박료가 낮아지게 마련인 것처럼 주거용 부동산의 가격 역시 서울의 중심지에서 멀어질수록 낮아질 수밖에 없다. 해외 여행을 하다 보면 가정집 숙박으로 유명한 에어비앤비 역시 호텔과 마찬가지로 도심의 교통입지가 좋은 곳일수록 숙박료가 비싸다. 재정여력이 충분한 돈이 있는 여행객들은 아무리 호텔값이 비싸도 도심의 호텔에서 숙박하길 원한다. 이들은 서울 외곽에서 GTX가 아무리 빠르게 도심을 연결해 준다고 해도 도심 외곽의 호텔에 숙박하지 않는다.

고소득자일수록 주거용 부동산을 고를 때 교통입지가 편리한 도심의 주거용 부동산을 선호하는 것도 마찬가지 이치이다. GTX 또는 9호선 급행열차가 있다고 하더라도 도심까지 가려면 환승역에서 한참을 걸어 갈아타야 한다거나 GTX의 경우 땅속 깊은 지하의 승강장까지 접근하는 데 있어서 불편함도 있다. 또한 승강장에 도착해서도 배차시간이 길어 10분 이상 승강장에서 기다려야 하는 시간을 고려하면 불편할 수밖에 없다. 우리가 도심의 빌라나 다세대, 단독, 주거용 오피스텔 등 주거용 부동산에 투자할 때도 도심에 투자하는 이유가 바로 교통입지이다. 교통입지는 "평생" 입지나 다름없다.

PART 2

서울 부동산의 미래를 선점하라

메가시티 투자 로드맵

부동산 불패와 강남 불패: 신화인가 현실인가?

부동산 시장은 항상 투자자들의 관심을 끄는 주제이다. 특히 '부동산 불패'와 '강남 불패'라는 말은 오랫동안 우리 사회에서 회자되어 왔다. 그러나 이러한 주장이 과연 사실일까? 이에 대한 답을 찾기 위해서는 부동산 시장의 특성과 경제 원리를 이해할 필요가 있다.

부동산 시장의 변동성과 장기 투자의 중요성

부동산 시장은 주식 시장과 마찬가지로 단기적으로는 상승과 하락을 반복한다. 이는 시장의 본질적인 특성이다. 그러나 10년에서 15년 이상의 장기적인 관점에서 보면, 부동산은 다른 투자 대안들에 비해 상대적으로 안정적인 가치 상승을 보여준다.

이러한 현상의 주요 원인은 부동산이 실물 자산이라는 점이다. 공급이 제한된 실물 자산은 자유 경제 시스템 하에서 중장기적으로 항상 가치가 상승하는 경향이 있다. 이는 물가 상승률과 밀접한 관련이 있다.

물가 상승과 부동산 가치의 관계

건전하고 정상적인 경제 시스템에서는 물가가 일정 수준으로 계속 상승해야 한다. 물가가 너무 오르지 않거나, 너무 많이 오르거나, 또는 떨어지면 경제에 문제가 생길 수 있다. 따라서 전 세계 모든 국가의 정부는 물가 상승률을 적정하게 유지하는 것을 경제 정책의 최우선 과제로 삼고 있다.

물가가 오른다는 것은 실물 자산인 부동산의 가격도 함께 오른다는 것을 의미한다. 예를 들어, 2010년에 5억 원이었던 아파트가 2020년에 10억 원이 되었다면, 이는 단순히 아파트 가격이 오른 것이 아니라 화폐 가치가 하락했다고 볼 수도 있다.

기술 혁신과 경제 성장의 관계

선진국들의 경제가 쉽게 파탄나지 않는 이유 중 하나는 지속적인 기술 개발과 혁신 때문이다. 기술 혁신의 속도는 점점 빨라지고 있으며, 이는 투입한 노동력이나 원자재 가치보다 더 많은 부가가치를 창출한다는 것을 의미한다.

이러한 현상을 잘 설명해주는 것이 '무어의 법칙'과 '황의 법칙'이다. 무어의 법칙은 마이크로칩의 성능이 18개월마다 2배씩 증가한다는 것이고, 황의 법칙은 AI 반도체 성능이 2년마다 두 배 이상 향상된다는 것이다. 이러한 기술 혁신은 경제 성장의 원동력이 된다.

경제 성장과 부동산 가격의 상관관계

기술 혁신으로 인한 부가가치 증가는 기업의 수익 증대로 이어지고, 이는 주주 배당과 직원들의 급여 인상으로 이어진다. 급여 인상은 다시 물가 상승(인플레이션)을 유발하고, 이는 제품이나 서비스 가격 상승으로 이어진다.

이러한 가격 상승은 임대료 상승으로 이어지고, 결국 실물 자산인 부동산 가격 상승으로 귀결된다. 이것이 바로 경제 먹이사슬 시스템이다.

국민 소득과 부동산 가격의 관계

부동산 가격은 국민 소득에 의해 크게 영향을 받는다. 예를 들어, 우리나라의 주택이나 상업용 건물 가격이 선진국들에 비해 여전히 3분의 1

수준에 머물러 있는 것은 우리나라의 국민 소득이 아직 3만 6천 달러 수준이기 때문이다.

골드만삭스의 2007년 보고서에 따르면, 2030년경 우리나라의 국민 소득이 4만 달러를 넘어설 것으로 예측되었다. 만약 이 예측이 현실화되면, 서울 중심지의 주요 아파트 가격뿐만 아니라 도심의 주거용 부동산 가격은 현재보다 훨씬 더 크게 오르는 것은 당연하다.

서민들의 부동산 투자 전략

1. **장기 투자 관점 유지**: 부동산 투자는 최소 10년 이상의 장기 관점에서 접근해야 한다.
2. **입지 중심의 선택**: '부동산은 입지'라는 말이 있듯이, 좋은 입지의 부동산을 선택하는 것이 중요하다.
3. **분산 투자**: 모든 자금을 한 곳에 투자하지 말고, 여러 지역이나 유형의 부동산에 분산 투자하는 것이 리스크를 줄일 수 있다.
4. **레버리지 활용**: 부동산은 대출을 통해 레버리지 효과를 누릴 수 있다. 하지만 과도한 대출은 위험할 수 있으므로 주의해야 한다.
5. **경제 지표 모니터링**: GDP, 물가상승률, 금리 등의 경제 지표를 주시하며 투자 시기를 결정한다.
6. **임대 수익 고려**: 매매 차익뿐만 아니라 안정적인 임대 수익을 얻을 수 있는 부동산을 선택한다.
7. **전문가 조언 활용**: 부동산 전문가의 조언을 참고하되, 최종 결정은 본인이 해야 한다.

물론 '부동산 불패'나 '강남 불패'와 같은 말은 절대적인 진리가 아닐 수도 있다. 부동산 시장도 경기 변동에 따라 오르내림이 있다. 그러나 장기적인 관점에서 볼 때, 부동산은 여전히 안정적인 투자 수단 중 하나이다. 특히 경제 성장과 함께 국민 소득이 증가하면 부동산 가치도 함께 상승하는 경향이 있다.

따라서 서민들도 자신의 경제력 범위 내에서 신중하게 부동산 투자를 고려해볼 수 있다. 다만, 무리한 대출이나 투기적 접근은 피하고, 장기적이고 안정적인 관점에서 접근해야 한다. 또한, 부동산 외에도 주식, 채권 등 다양한 자산에 분산 투자하여 리스크를 관리하는 것이 중요하다.

서울 도심, 오피스빌딩 가격이 계속 오르는 이유

서울 도심 오피스빌딩의 가치 상승이 계속 지속되고 있다. 2021년에 강남 주요 오피스빌딩으이 평당 가격이 4천만 원 돌파를 시작으로 2024년에 서울 오피스 시장은 13조4000억 원의 거래 규모를 기록하며 코로나19 팬데믹 이후 최대 규모를 달성했다. 2024년 주요 거래 사례를 보면, GBD(강남권역)에서는 더에셋(1조1042억 원), 아크플레이스(7917억 원), 코레이트타워(4800억 원) 등이 거래되었고, CBD(도심권역)에서는 디타워 돈의문(8953억 원), 한화빌딩(8080억 원), 씨티스퀘어(4281억 원) 등이 대표적인 거래 사례이다. 평당 거래가는 GBD에서 4000만 원대, CBD에서 3000만 원 중·후반대를 기록했다.

2025년 1월 기준, 서울 오피스 평균 거래가격은 평당 2818만 원 수준을 유지하고 있으며, 특히 도심(CBD)과 강남권(GBD) 주요 빌딩들의 거래가격은 평당 4000만 원을 웃돌고 있다. 젠스타메이트의 전망에 따르면, 서울 오피스 시장은 2025년 이후 연간 6~7% 수준의 거래가격 상승이 예상된다.

이러한 가격 상승의 주요 원인은 서울 오피스빌딩이 글로벌 시장에서 여전히 저평가되어 있기 때문이다. 홍콩의 대형 오피스빌딩이 평당 2억 5천만 원, 도쿄가 2억 원, 뉴욕과 샌프란시스코가 1억 5천만 원 수준인 것에 비해, 서울은 아직 이들 도시의 3분의 1 수준에 불과하다.

서울이 글로벌 도시로서의 위상이 높아지고, 국내 경제가 성장함에 따라 오피스빌딩의 가치는 더욱 상승할 것으로 예상된다. 따라서 장기적 관점에서 서울 핵심 지역의 오피스빌딩 투자는 여전히 매력적인 투자처라고 할 수 있다.

2040 서울도시기본계획:
부동산 투자의 숨겨진 지도를 읽다

부동산 투자에서 성공하기 위해서는 반드시 알아야 할 필수 자료가 있다. 그것은 바로 각 도시의 시도에서 발간하는 비밀지도 격인 "도시기본계획"이다. 이는 단순한 행정 문서가 아닌 도시의 미래를 예측할 수 있는 투자자의 바이블과도 같은 존재이다. 워렌 버핏이 주식 투자에서 기업의 재무제표를 철저히 분석하여 성공했듯이, 부동산 투자에서도 도시기본계획을 면밀히 분석하는 것이 성공의 열쇠이다. 버핏이 "나는 이해할 수 없는 기업에는 절대 투자하지 않는다"라고 했듯이, 부동산 투자자도 도시의 발전 계획을 정확히 이해하고 투자해야 한다. 워렌 버핏이 기업의 재무제표, 경영진의 능력, 시장 지배력 등을 종합적으로 분석하여 가치 투자를 하듯이, 부동산 투자자도 도시기본계획을 통해 해당 지역의 발전 가능성, 인프라 구축 계획, 인구 변화 등을 종합적으로 분석해야 한다.

특히 서울의 경우 '2040 서울도시기본계획'은 매우 중요한 의미를 가진다. 이 계획은 2022년 3월 3일에 발표되었으며, 이전의 '2030 서울플랜'을 대체하는 새로운 청사진이다. 이 계획의 수립 과정은 매우 체계적이고 과학적이다. 빅데이터 분석, 시민 1,000명 대상 설문조사, 도시/건축/환경/교통 분야의 100명 이상 전문가 의견 수렴 등 광범위한 연구와 조사를 바탕으로 작성되었다. 서울지역 부동산 투자자라면 당연히 서울시 비밀지도격인 '2040 서울도시기본계획'은 반드시 서울시 홈페이지에서 살펴보는 것이 필수적이다.

도시기본계획의 특징은 다음과 같다:

1. **법적 근거**: 국토계획법에 따라 5년마다 재정비가 이루어진다.
2. **지속가능성**: 다음 세대를 위한 사회적, 환경적 지속가능성을 고려한다.
3. **시민 중심**: 시민의 삶의 질 향상과 도시경쟁력 강화에 초점을 맞춘다.
4. **유연성**: 미래 도시 모습을 유연하게 재정비할 수 있다.

2040 서울도시기본계획의 핵심은 3도심 체제의 유지이다. 서울도심(한양도성), 여의도, 강남을 중심으로 하는 이 구조는 정권이나 시장이 바뀌어도 변함없이 유지되는 서울의 근간이다. 각 도심의 특징과 발전 방향은 다음과 같다:

1. 한양도성 도심

- 역사문화중심지로서의 정체성 강화
- 청계천 복원 이후 도심 재생사업 진행
- 관광 인프라 확충 계획

2. 여의도 도심

- 국제금융중심지로서의 위상 강화
- 스마트오피스 허브 조성
- 수변공간을 활용한 복합문화공간 개발

3. 강남 도심

- IT/벤처 산업 중심지로 육성
- 국제업무지구 확장
- 대중교통 중심 개발(TOD) 강화

[2040 서울도시기본계획상 중심지별 육성전략](출처: 서울특별시, 2024)

구분	중심지별 전략방향
서울도심 도심부	• 서울 4+1축 조성 (국가중심축, 역사문화관광축, 남북녹지축, 복합문화축, 글로벌상업축) • 주거기능 강화를 위해 도심형 주거유형 개발로 거주계층의 다양화 및 혼합화 지향 • 청와대, 경복궁, 박물관 등 역사문화자원을 통한 문화관광 벨트 조성

구분	중심지별 전략방향
영등포 여의도 도심	• 여의도-용산 연계를 통한 국제비즈니스 혁신코어 조성 • 국제금융중심지 경쟁력 회복을 위한 기업유치 활성화 • 영등포역 주변 및 경인로 일대 정비로 업무, 상업, 신산업 중심지 기능강화
용산 광역중심	• 글로벌다국적 기업국제기구 등 유치로 국제비즈니스 및 MICE기능 강화 • 용산정비창 부지의 입체복합개발추진으로 업무, 주거, 문화, 여가등이 공존하는 복합기능구축
청량리 왕십리 광역중심	• 업무, 상업, 주거, 문화 기능 확충 집적 및 글로벌 미래혁신 성장거점 조성 • GTX등 광역고속철도 연결 등으로 새로운 성장거점으로 발전 유도 • 홍릉 바이오의료허브와 연계하여 혁신산업거점으로 육성
가산 대림 광역중심	• 가산 대림 광역중심 및 인접지역에 다양한 방식의 주택을 공급하여 종사자의 직주 근접 실현 • 연구개발 투자유치지원 및 신산업육성을 위한 앵커시설 도입을 통해 유기적인 신산업 생태계 조성
지역중심 (동대문, 신촌 등)	• 동대문 : 세계적인 패션산업의 거점으로 육성하기 위해 전략적 거점인 서울 패션허브 조성 • 연신내 불광 : 직주 근접 도모 및 상업생활편의시설과의 접근성을 개선 • 신촌 : 문화산업 자원활용 미래융합형 창조콘텐츠 산업기반 마련 및 서울시 문화발상지 기능강화 • 봉천 : 행정, 상업, 문화, 대학등의 특화된 기능 융복합, 복합업무거점 육성

실제 투자 사례를 보면 도시기본계획의 중요성을 알 수 있다. 예를 들어, 2030 서울플랜에서 예고된 용산 국제업무지구 개발은 용산 일대 부동산 가치를 크게 상승시켰다. 용산 한강로동의 경우, 2015년 대비

2022년 공시지가가 평균 2.5배 상승했다.

또한, 여의도 국제금융중심지 육성 계획은 여의도 오피스 시장에 큰 영향을 미쳤다. 여의도 프라임급 오피스 임대료는 2015년 평당 월 8만 원에서 2023년 평당 월 12만 원으로 50% 상승했다.

도시기본계획은 다음과 같은 구체적인 정보를 제공한다:

1. 권역별 발전 방향
2. 교통망 확충 계획
3. 주요 개발 사업 로드맵
4. 용도지역 변경 계획
5. 공공시설 설치 계획

이러한 정보들은 서울시에서 운영하는 서울도시공간포털(https://urban.seoul.go.kr)에서 누구나 열람하고 출력할 수 있다. 다른 시도의 도시기본계획 역시 각 지자체 홈페이지에서 확인 가능하다.

부동산 개발은 '선계획 후개발' 원칙을 따른다. 따라서 정부나 지자체의 도시계획을 면밀히 검토하는 것은 투자의 기본이다. 예를 들어, 2040 서울도시기본계획에 따르면 서울의 미래 발전축은 다음과 같은 방향으로 전개될 것이다:

1. 광역 교통망 확충
- GTX A, B, C노선 개통
- 경부고속도로 지하화
- 신공항 접근성 강화

2. 신성장 산업지구 육성
- 마곡 R&D 단지
- 홍릉 바이오 클러스터
- 마포 문화콘텐츠 밸리

3. 주거환경 개선
- 역세권 고밀 개발
- 노후 주거지 재생
- 스마트시티 시범단지 조성

결론적으로, 도시기본계획은 부동산 투자자에게 필수적인 나침반이다. 이를 통해 도시의 미래 발전 방향을 예측하고, 투자 가치가 상승할 지역을 선제적으로 발굴할 수 있다. 성공적인 부동산 투자를 위해서는 반드시 이 바이블을 정독하고 분석하는 자세가 필요하다.

2040 서울의 미래:
6대 공간계획으로 읽는 부동산 투자의 기회

2040 서울도시기본계획을 자세히 들여다보면 서울의 미래 가치를 품은 투자 유망지역이 마치 보물지도처럼 눈앞에 펼쳐진다. 특히 4대 지천 특화거점 주변, 3도심 개발축, 지상철도 지하화 구간, 보행 일상권 중심지 등은 향후 서울의 새로운 가치를 창출할 핵심 지역들이다. 이 계획은 마치 투자자들을 위한 미래 가치 지도와도 같다. 단순한 행정계획이 아닌, 미래 서울의 부동산 가치 상승을 예측할 수 있는 투자자의 나침반이다.

첫째, '보행 일상권'의 도입은 도시 생활의 새로운 패러다임을 제시한다. 디지털 전환과 코로나19 팬데믹을 겪으면서 변화된 라이프스타일을 반영한 이 계획은 도보 30분 이내에서 모든 일상이 가능한 압축도시를 지향한다. 이는 뉴욕의 '15분 도시' 계획이나 파리의 '근접도시' 정책과 유사한 개념이다. 특히 홍콩의 타임스퀘어나 싱가포르의 비보시티처럼 주거, 상업, 문화시설이 복합된 공간 개발이 예상된다.

둘째, 수변 중심 공간 재편은 서울의 61개 하천을 새로운 생활 중심지로 탈바꿈시키는 계획이다. 안양천, 중랑천, 홍제천, 탄천 등 4대 지천이 특화거점으로 개발되며, 특히 한강변은 여의도와 압구정을 중심으로 대규모 정비사업이 진행된다. 이는 런던의 템즈강 재개발이나 파리의 센강 프로젝트와 같은 성공 사례를 벤치마킹한 것이다.

셋째, 중심지 기능 강화 계획은 3도심 체제를 더욱 공고히 한다. 서울 도심, 여의도, 강남을 잇는 삼각축을 중심으로 4+1축(남북 4대 축과 동서 방향의 글로벌산업축)이 새롭게 형성된다. 이는 도쿄의 다핵도시 구조나 뉴욕의 맨해튼 개발 전략과 유사한 방식이다.

넷째, '비욘드 존(Beyond zone)'으로의 전환은 도시계획의 혁신적 변화를 의미한다. 기존의 경직된 용도지역제를 탈피하여 복합적 기능 배치가 가능해지며, 35층 높이제한 폐지로 창의적인 건축이 가능해진다. 이는 싱가포르의 마리나베이나 두바이의 다운타운과 같은 랜드마크적 건축물 출현을 가능케 할 것이다.

다섯째, 지상철도의 지하화는 도시 공간의 혁신적 활용을 가능케 한다. 이는 뉴욕의 하이라인 파크나 파리의 프롬나드 플랑테처럼, 기존 철도 부지를 새로운 도시 공간으로 재탄생시키는 기회를 제공한다.

여섯째, 미래교통 인프라 확충은 서울을 스마트 모빌리티 도시로 탈바꿈시킨다. 2026년까지 5,046km에 달하는 자율주행 인프라 구축과 3차원 물류 네트워크 조성은 도시의 미래 경쟁력을 좌우할 핵심 요소이다. 이는 싱가포르의 스마트 네이션 프로젝트나 두바이의 자율주행 대중교통 시스템과 비견되는 혁신적인 계획이다.

이러한 6대 공간계획은 부동산 투자자들에게 중요한 시사점을 제공한다. 보행 일상권 내의 복합시설, 수변 인접 부동산, 3도심 축의 업무시설, 지상철도 지하화 구간의 개발 부지 등이 주목할 만한 투자 대상이 될 것이다. 특히 4대 지천 특화거점 주변과 한강변 대규모 정비사업 지역은 높은 투자 가치 상승이 예상된다.

결론적으로, 2040 서울도시기본계획의 6대 공간계획은 단순한 도시계획이 아닌 미래 서울의 가치 상승을 예측할 수 있는 투자 지도이다. 이를 면밀히 분석하고 선제적으로 대응하는 투자자들에게 새로운 기회가 열릴 것이다.

서울 도심의 주거용부동산이 오르는 10가지 이유

　서울 도심의 주거용 부동산 가격이 지속적으로 상승하는 현상은 복합적인 요인들이 작용한 결과이다. 이러한 상승세의 근본적인 원인을 이해하는 것은 부동산 시장의 동향을 예측하고 적절한 정책을 수립하는 데 필수적이다. 서울 도심 주거용 부동산 가격 상승의 주요 원인을 면밀히 살펴보면 다음과 같다.

　첫째, 서울의 지리적 특성과 인구 집중 현상이 주요 원인이다. 서울은 대한민국의 수도로서 정치, 경제, 문화의 중심지 역할을 하고 있다. 이로 인해 전국에서 인구가 지속적으로 유입되고 있으며, 한정된 도심 공간 내에서 주거 수요가 계속해서 증가하고 있다. 특히 강남 3구와 마용성(마포·용산·성동구) 지역은 교육, 교통, 문화 인프라가 잘 갖춰져 있어 수요가 더욱 집중되고 있다. 이러한 인구 집중 현상은 주거용 부동산의 가치를 지속적으로 상승시키는 요인이 되고 있다.

둘째, 정부의 부동산 정책 변화가 시장에 영향을 미치고 있다. 우선 투자자들은 다주택자 규제를 피하기 위해 똘똘한 한 채 마련에 나섰다. 취득세가 2주택자는 8%, 3주택자는 12%로 높아지니 집을 여러 채 사기보단 투자 가치가 가장 큰 한 채로 돌아선 것이다(2025년 1월 기준, 강남 3구와 용산구를 제외한 곳은 취득세가 2주택자 1~4%, 3주택자 8% 적용). 이러한 정책 변화는 투자자들의 관심을 서울 도심의 우량 주거용 부동산으로 집중시키는 결과를 낳았다. 또한, 정부의 주택 공급 정책이 수요를 따라가지 못하면서 가격 상승 압력이 더욱 커지고 있다.

셋째, 저금리 기조와 유동성 증가가 부동산 시장에 영향을 미치고 있다. 일각에서는 2024년 9월부터 대출한도 축소 규제를 뜻하는 스트레스 DSR 2단계가 시행되어 서울 집값이 안정될 것이라 기대하지만, 국내 기준금리가 낮아지면 집값은 오르게 된다. 2024년 기준 미국 소비자물가지수(CPI)가 이전보다 줄었고, 실업보험 청구자도 감소해 미국 기준금리가 향후 추가적으로 계속 내릴 수 있다는 전망이 확산하고 있다. 그럴 경우 국내 기준금리도 인하될 가능성이 높다. 금리가 낮아지면 부동산 시장으로 자금이 쏠린다. 이는 주택 구매력을 높이고, 투자자들의 부동산 투자 욕구를 자극하는 요인이 되고 있다.

넷째, 실수요자들의 내 집 마련 욕구가 강해지고 있다. 실수요자도 똘똘한 한 채에 매달리고 있다. 일단 전세 사기 여파에 신혼부부와 같은 실수요자들은 비아파트 자체를 외면하기 시작했고, 대출받아 아파트로 내 집 마련하려는 움직임이 커졌다. 전세 사기 등의 사회적 문제로 인해 주택 구매에 대한 선호도가 높아지면서 서울 도심의 아파트 수요가 증가하고 있다.

다섯째, 재개발, 재건축 사업의 활성화가 가격 상승을 견인하고 있다. 서울 도심의 노후 주거지역들이 재개발, 재건축을 통해 새로운 모습으로 탈바꿈하면서 해당 지역의 부동산 가치가 상승하고 있다. 이는 주변 지역의 부동산 가격에도 영향을 미쳐 전반적인 가격 상승으로 이어지고 있다.

여섯째, 교통 인프라의 개선이 부동산 가치 상승에 기여하고 있다. 지하철 노선의 확장, 광역급행철도(GTX) 등 새로운 교통 수단의 도입은 서울 도심과 주변 지역의 접근성을 높이고 있다. 이는 해당 지역의 주거 편의성을 증대시켜 부동산 가치 상승으로 이어지고 있다.

일곱째, 외국인 투자자들의 관심 증가도 가격 상승의 한 요인이다. 서울이 국제도시로서의 위상이 높아지면서 외국인 투자자들의 서울 부동산에 대한 관심도 증가하고 있다. 특히 강남, 용산 등 프리미엄 지역의 부동산은 해외 투자자들에게도 매력적인 투자처로 인식되고 있어 수요 증가에 일조하고 있다.

여덟째, 1인 가구의 증가와 주거 형태의 변화가 영향을 미치고 있다. 서울의 1인 가구 비율이 지속적으로 증가하면서 소형 아파트나 오피스텔에 대한 수요가 늘어나고 있다. 이는 도심 내 소형 주거용 부동산의 가치를 상승시키는 요인이 되고 있다.

아홉째, 부동산에 대한 문화적 인식이 가격 상승을 뒷받침하고 있다. 한국 사회에서 부동산 소유는 여전히 중요한 재산 증식 수단으로 인식되고 있다. 특히 서울 도심의 부동산은 안정적인 투자처로 여겨지며, 이러한 인식이 지속적인 수요로 이어져 가격 상승을 유지하는 요인이 되고 있다.

마지막으로, 경제 성장과 소득 수준의 향상이 부동산 가격 상승을 뒷받침하고 있다. 2024년 2분기 기준으로 측정해보면, 서울 아파트 가격이 소득 수준에 비해 대단히 높은 수준은 아니라는 생각이 든다. 가계대출이 지속적인 감소세를 보이면서 내수경기가 망가졌지만, 근로자 임금 상승세가 지속된 것이 최근 아파트 가격 상승을 유발했음을 알 수 있다.

미분양 아파트 물량이 늘어나고 내수경기가 악화됐음에도 불구하고 근로자들의 임금이 상승한 이유는 2024년 우리나라 전체 수출 실적이 역대 최대치를 달성하는 등 수출 호조에 있다. 반도체 산업에서의 수출 역시 2024년에 역대 최대치를 기록하는 등 조선 그리고 자동차 등 고용 규모가 큰 주력 산업의 수출이 크게 늘어나는 가운데, 임금 인상이 잇따르고 있기 때문이다. 이러한 경제적 요인들이 서울 도심 주거용 부동산의 가격 상승을 뒷받침하고 있는 것이다.

이상의 요인들이 복합적으로 작용하여 서울 도심의 주거용 부동산 가격이 지속적으로 상승하고 있는 것이다. 필자가 저서에서 반복 강조하는 얘기이지만 "소득이 오르면 부동산 가격이 오른다"라는 원칙을 꼭 기억해 둬야한다. 다시 말해서 소득 증가없이 부동산 가격은 절대 오를 수 없다.

도심을 떠나면 안되는 10가지 현실적인 이유

1. 24시간 언제든 지나가는 택시를 탈 수 있는 편리함. 서울 어디에서든 택시를 타고 집으로 올 수 있지만, 수도권 외곽에서는 늦은 밤에 도심에서 집까지 가는 택시를 구하기 힘들고 요금이 비싸다는 단점이 있다.
2. 24시간 운영하는 편의점이 여러 곳 있는 접근성. 노후에 혼자 되어 몸이 아파 식사를 제대로 챙겨먹지 못할 상황이 되더라도 집 앞 편의점에서 급하게 삼각김밥이라도 사먹을 수 있는 이점이 있다.
3. 24시간 운영하는 개인병원이 근처에 있는 의료 접근성. 한밤중 급성 질환 발생 시 신속한 대처가 가능하며, 이는 생명과 직결될 수 있는 중요한 요소이다. 필자 지인도 한밤중에 요도결석으로 인한 극심한 통증으로 2호선 구의역 인근의 24시간 운영하는 비뇨기과를 찾아 응급치료로 살아난 적이 있다.

4. 주말이나 휴일에도 운영하는 다양한 진료과목의 병원을 선택할 수 있는 의료 다양성. 장기간의 치료가 필요한 경우 도심의 의료 인프라가 큰 장점이 된다.
5. 집 앞 지하철역의 존재로 인한 대중교통 편의성. 운전이 불가능한 상황에서도 어디든 갈 수 있는 이동의 자유를 제공한다.
6. 다양한 종류의 배달음식을 언제든지 주문할 수 있는 식생활 편의성. 전화나 스마트폰 앱으로 쉽게 음식을 주문할 수 있다.
7. 택배 배송이나 수령이 언제든 편리한 물류 접근성.
8. 차량 이용 시 강남·강북 지역 또는 지방 등 어디든 쉽게 접근 가능한 지리적 이점이다.
9. 긴급 의료상황 발생 시 골든타임 내에 대학병원에 도착할 수 있는 응급 의료 접근성. 심정지와 같은 위급한 상황에서 생명을 지킬 수 있는 중요한 요소이다.
10. 다양한 문화시설, 대형마트, 쇼핑센터를 손쉽게 이용할 수 있는 문화·생활 인프라의 우수성. 다양한 취미활동과 학습을 위한 전문가, 기술 센터, 학원 등이 산재해 있어 삶의 질을 높일 수 있다.

지방은 팔고,
서울을 사야하는 이유

충격적인 2025년 부동산 전망

최근 부동산 시장에서 '지방 부동산 위기'가 뜨거운 감자로 떠올랐다. 2025년 주택 매매가격 전망에 따르면, 서울 1.7%, 수도권 0.8% 상승이 예상되는 반면, 지방은 -1.4% 하락이 전망된다. 이러한 차이는 단순한 수치 이상의 의미를 내포하고 있다. 과연 이 양극화 현상은 일시적인 것일까, 아니면 장기적으로 지속될 구조적 변화의 신호일까?

지방 부동산 침체의 원인

활기 상실과 고령화

최근 몇 년간 지방 도시들을 방문하며 느낀 가장 큰 변화는 '활기의 상실'이다. 한때 젊음과 열정으로 가득했던 지방 도시들이 점점 고령화되어가는 모습은 부동산 시장의 미래를 예측하게 한다. 이는 단순한 인상이 아닌, 통계로도 확인되는 현실이다.

인구 감소와 경제 침체

1. 서울과 수도권의 주택 공급 감소와 수요 증가
   - 1인 가구와 가구 수의 급속한 증가로 주택 수요 급증

2. 생산가능인구(15세~64세)의 감소
   - 2016년부터 감소 시작, 앞으로도 지속적 감소 예상

3. 지방 인구 감소
   - 젊은 층의 수도권 유출 가속화

통계청 자료에 따르면, 2020년 기준 전국 228개 시군구 중 108개 지역이 인구 소멸 위험 지역으로 분류되었다. 이는 전체의 47.4%에 해당하는 수치로, 2019년 42.5%에서 크게 증가한 것이다.

빈 아파트와 상가의 증가

지방의 빈 아파트들과 비어있는 상가들이 충격적이다. 분양 당시 웃돈을 주고 입주했던 아파트들이 이제는 매수 문의조차 뜸한 상황이 되었다.

> **사례** **전라남도 나주시 혁신도시**

2013년 한국전력공사를 비롯한 16개 공공기관이 이전하면서 부동산 호황을 누렸던 나주시 혁신도시는 최근 급격한 하락세를 보이고 있다. 2018년 3.3m^2당 1,000만 원을 웃돌던 아파트 가격이 2024년 현재 700만 원대로 떨어졌다. 특히 상가의 경우 공실률이 40%를 넘어서고 있어, 투자자들의 시름이 깊어지고 있다.

소비 인프라의 붕괴

지방의 소비 인프라가 급속도로 무너지고 있다. 대형마트 철수, 영화관 폐업, 학원가 쇠락 등의 악순환이 계속되고 있다. 이는 단순한 경기침체가 아닌, 구조적인 인구 감소와 맞물린 장기적 하락의 신호로 볼 수 있다.

> **사례** **강원도 춘천시 명동**

한때 춘천의 중심 상권이었던 명동은 최근 급격한 쇠퇴를 겪고 있다.

2010년대 초반까지만 해도 젊은이들로 북적이던 이 지역은 현재 공실률이 50%를 넘어섰다. 특히 2019년 이후 코로나19의 영향으로 폐업이 급증했으며, 대형 프랜차이즈 매장들도 하나둘 문을 닫고 있다. 이는 단순한 경기 침체를 넘어 지방 도시의 구조적 문제를 보여주는 단적인 예시다.

일본 사례 미래의 거울

일본 동경 근교에 있는 인구 100만명이나 되는 사이타마시의 경우, 40년 전 약 1억 2천만 원하던 주택이 현재 4천 3백만 원에 거래되고 있다. 현재 불과 1000만 원대에 살 수 있는 아파트가 흔한 상황이다. 이는 우리나라 지방 부동산의 미래를 예측할 수 있는 중요한 사례다.

사례 목포시 청춘빌리지: 지방 상권의 현주소

목포시에서 한 때 젊은이의 거리로 쇼핑객들로 북적였던 '청춘빌리지'를 방문해 보면 대부분의 상가가 문을 닫혀져 있는 것을 볼 수 있다. 지역에서 이름있는 1~2개 제과점에만 손님이 있고, 나머지 상점들은 폐업하거나 폐업 직전이다. 이는 목포시뿐만 아니라 여타 지방 대도시 상가밀집 지역도 마찬가지다.

수도권 기회의 땅

반면 수도권의 상황은 완전히 다르다. 양질의 일자리 창출, 광역교통망 확충으로 인한 접근성 개선, 생활 인프라의 지속적 발전이 이루어지고 있다.

정부의 수도권 규제 완화 정책

재개발/재건축 사업 활성화로 새로운 투자 기회가 등장하고 있다. 서울에만 신속통합민간재개발과 모아타운 재개발로 지정된 곳이 모두 합해 200여 곳에 달한다. 그만큼 서울에서만도 앞으로 개발 여지와 투자 기회가 많다는 뜻이다.

대도시의 확장과 팽창

역사적으로 전 세계 대도시들은 지속적인 확장과 팽창을 해왔다. 우리나라 서울과 수도권 역시 이러한 추세를 따르고 있으며, 교통망의 발전과 확장이 이를 가능케 하고 있다. 벤 윌슨의 〈메트로폴리스〉에서 언급된 것처럼, 대도시의 확장은 필연적인 현상이다.

광역교통망 확충의 영향

GTX와 같은 광역교통망의 개통으로 과거 서울 접근성이 떨어졌던 지역들이 새로운 투자 블루칩으로 부상하고 있다. 이는 지방에서 수도권으로의 자금 이동을 더욱 가속화할 것으로 보인다.

> **사례** 경기도 동탄신도시

2024년 GTX-A 노선 개통으로 동탄에서 서울 삼성역까지 20분대 접근이 가능해졌다. 이로 인해 동탄 지역의 아파트 가격 뿐만아니라 상업용 부동산의 가격과 거래량도 꾸준히 증가하고 있다. 이는 광역교통망 확충이 부동산 시장에 미치는 영향을 잘 보여주는 사례다.

서울 부동산의 숨은 황금알:
전문가가 밝히는 3대 투자 지역

4만불 시대, 앞으로 뜨는 아파트는

부동산 투자, 특히 서울의 아파트 투자는 많은 이들의 관심사이다. 하지만 무작정 비싼 곳에 투자한다고 해서 성공을 보장받을 수는 없다. 성공적인 투자를 위해서는 두 가지 핵심 요소를 반드시 고려해야 한다.

바로 '공급 부족'과 '저평가'이다. 이 두 요소가 만나면 미래 가치 상승을 기대할 수 있는 황금 조합이 완성된다. 부동산은 무조건 공급이 부족한 지역이어야 하며, 또한 가격이나 가치가 저평가 되어 있는 곳을 골라야 실패를 면한다.

이러한 2가지 기준에 충족하는 서울내 많은 지역들이 있지만 우선적으로 서울에서 가장 주목해야 할 3곳의 알짜배기 아파트 투자 지역을 분석해 본다. 각 지역의 특성과 투자 포인트를 자세히 살펴보며, 왜 이 지역들이 미래 가치 상승의 잠재력을 가지고 있는지 분석해 보면 앞으로 이들 지역 외의 기타 다른 서울내 유망 지역을 분석할 때 기본 틀이 만들어 질 것이다.

1. 용산구 용문동/후암동 일대: 숨겨진 보석을 찾아서

용산구 용문동과 후암동 일대는 서울의 중심부에 위치하면서도 상대적으로 저평가된 지역이다. 이 지역의 아파트들이 투자 가치가 높은 이유는 다음과 같다.

공급 부족의 실태

이 지역은 최근 10년간 신규 공급 물량이 100세대 미만에 그칠 정도로 새로운 아파트의 공급이 극히 제한적이었다. 재개발과 재건축의 진행 속도도 더딘 편이어서, 당분간 새로운 대규모 공급은 기대하기 어려운 상황이다. 대부분의 주거지가 노후 저층 건물로 이루어져 있어, 향후 정비사업의 가능성이 높다는 점도 주목할 만하다.

뛰어난 입지 조건

용문동과 후암동의 가장 큰 장점은 탁월한 입지이다. 서울역까지 도보로 10-15분 거리에 있어 교통의 요지라고 할 수 있다. 또한 남산과 용산공원이 인접해 있어 쾌적한 주거 환경을 제공한다. 4호선과 1호선의 더블 역세권이라는 점도 큰 매력이다.

저평가된 현재 시세

현재 이 지역의 아파트 시세는 인근 용산구 평균 대비 30-40% 정도 저렴한 수준이다. 실거래가 기준으로 3.3㎡당 평균 2,800만 원대에 형성되어 있어, 역세권임에도 불구하고 현저히 낮은 가격을 유지하고 있다. 이는 향후 가격 상승의 여지가 충분하다는 것을 의미한다.

투자 전략

용문동과 후암동 일대의 아파트 투자는 중장기적 관점에서 접근하는 것이 좋다. 현재의 저평가된 가격과 뛰어난 입지 조건을 고려할 때, 향후 재개발이나 정비사업이 본격화되면 큰 폭의 가치 상승을 기대할 수 있다. 특히 서울역 인근의 개발 계획과 연계하여 이 지역의 발전 가능성을 주목해야 한다.

2. 동대문구 제기동/청량리동: 구도심의 변신

동대문구의 제기동과 청량리동 일대는 서울의 구도심 지역으로, 오랫동안 개발의 손길이 미치지 않았던 곳이다. 하지만 최근 들어 이 지역의 잠재력이 재조명받고 있다.

공급 부족의 현실

이 지역 역시 지난 15년간 대규모 신규 단지의 공급이 전무했다. 대부분의 아파트가 30년 이상된 소규모 노후 단지들로 이루어져 있어, 새로운 주거 공간에 대한 수요가 높다. 현재 여러 곳에서 정비구역 지정이 검토 중에 있어, 향후 대규모 재개발의 가능성이 높다.

미래 가치를 높이는 개발 호재

제기동과 청량리동 일대에는 여러 개발 호재가 기다리고 있다. 청량리역 복합개발 사업, 한국외대 부지 개발 계획, 경원선 지상부지 공원화 사업 등이 대표적이다. 이러한 개발 사업들이 실현되면 지역의 주거 환경과 생활 인프라가 크게 개선될 것으로 예상된다.

현재의 저평가된 시세

현재 이 지역의 아파트 시세는 인근 지역 대비 20-30% 정도 저평가된 상태이다. 3.3㎡당 평균 2,500만 원대의 가격을 형성하고 있어, 서울의 다른 역세권 지역에 비해 상당히 저렴한 편이다. 특히 청량리역의 개발 계획을 고려하면, 현재의 가격에는 역세권 프리미엄이 충분히 반영되지 않았다고 볼 수 있다.

제기동과 청량리동 일대의 아파트 투자는 '도시 재생'의 관점에서 접근해야 한다. 현재는 노후화된 주거 환경이지만, 앞으로의 개발 계획을 고려하면 큰 변화가 예상된다. 특히 청량리역 주변의 대규모 복합개발이 실현되면, 이 지역 전체의 가치가 상승할 것으로 기대된다. GTX-B와

GTX-C 노선이 청량리역을 지나게 될 예정이어서, 교통의 요지로 부상할 가능성도 높다.

3. 구로구 구로동 준공업지역 인근: 변화의 바람이 부는 곳

구로구 구로동의 준공업지역 인근은 서울의 새로운 변화가 기대되는 곳이다. 이 지역의 아파트들이 주목받는 이유를 살펴보겠다. 특히 서울에서 유일한 국가산업단지인 구로디지털단지, 가산디지털단지 2개를 배후로 갖고 있는 지역이라 주택수요는 항상 충만한 상태이다.

참고로 국가산업단지에 대해서 알아보자. 국가산업단지는 일반 산업단지와 차별화된 특별한 이점을 제공한다. 먼저, 취득세와 법인세 등에 대한 폭넓은 세제 감면 혜택을 누릴 수 있다. 또한, 정부와 지방자치단체로부터 다양한 자금 지원을 받을 수 있으며, 행정 절차를 일괄적으로 처리해주는 원스톱 서비스의 편의성도 누릴 수 있다.

특히 주목할 만한 점은 서울이나 수도권 내 본사 건물 매입 시 적용되는 중과세를 피할 수 있다는 것이다. 일반적으로 이 지역에서 본사 건물을 매입할 경우, 취득세가 일반 세율의 3배나 부과되지만, 국가산업단지 내에서는 이러한 중과세를 적용받지 않는다. 또한 서울 내 국가산업단지는 지방 산업단지에 비해 인력 수급이 용이하다는 장점도 있다. 이는 기업의 운영과 성장에 중요한 요소로 작용한다.

공급 제한의 현실

구로 지역은 최근 12년간 신규 아파트의 공급이 전무했다. 대부분의 아파트가 80년대에 지어진 소규모 단지들로 이루어져 있어, 주거 환경의 개선이 시급한 상황이다. 준공업지역으로 지정되어 있어 그동안 개발에 제한이 있었지만, 최근 서울시의 준공업지역 해제 움직임에 따라 새로운 변화의 가능성이 열리고 있다.

준공업지역 해제의 잠재력

서울시는 최근 준공업지역 해제를 위한 조치들을 속속 내놓고 있다. 이는 구로동 일대의 대규모 개발 가능성을 높이는 요인이다. 준공업지역이 해제되면 주거와 상업 기능이 강화된 복합 도시로의 변모가 가능해진다.

구로동 준공업지역 인근의 아파트 투자는 '도시 구조 변화'에 베팅하는 전략이다. 현재는 노후화된 주거 환경이지만, 준공업지역 해제와 함께 대규모 재개발이 이루어질 경우 지역의 가치가 크게 상승할 수 있다. 특히 서울 서남권의 새로운 주거 중심지로 부상할 가능성이 있어, 장기적인 관점에서의 투자가 유효할 것으로 보인다.

결론: 미래를 내다보는 투자의 중요성

서울의 아파트 투자에서 성공하기 위해서는 단순히 현재의 시세나 인기 지역만을 쫓아서는 안 된다. 공급이 제한적이면서도 현재 저평가된 지역을 찾아 미래의 가치 상승을 예측하는 안목이 필요하다.

용산구 용문동/후암동, 동대문구 제기동/청량리동, 구로구 구로동 준공업지역 인근은 이러한 조건을 충족하는 대표적인 지역들이다. 이 지역들은 각각의 특성과 개발 잠재력을 가지고 있어, 향후 서울의 새로운 주거 중심지로 부상할 가능성이 높다.

투자자들은 이러한 지역의 특성을 잘 파악하고, 장기적인 관점에서 접근해야 한다. 당장의 시세 상승보다는 도시 계획과 개발 방향을 주시하며, 꾸준히 가치가 상승할 수 있는 물건을 선별하는 것이 중요하다.

2050년 메가 서울의 미래: 2000만 인구의 수직 입체도시로 진화

벤 윌슨의 저서인『메트로폴리스』에서 제시한 관점에서 보면 서울의 발전 전망은 다음과 같이 예측할 수 있다. 서울의 발전 전망을 기대해 볼 때 서울 부동산 가격과 가치의 상승은 당연히 뒤따를 수 밖에 없다.

1. 지속적인 확장과 팽창:

전세계 다른 대도시들과 마찬가지로 서울은 역사적으로 꾸준히 확장되어 왔으며, 이러한 추세는 미래에도 계속될 것으로 보인다. 서울이 1963년 대규모 확장 이후 소규모 확장들이 있었고, 현재 김포시 편입 논의는 이러한 확장의 연장선상에 있다.

2. 메가시티로의 진화:

서울은 주변 도시들과의 연계를 통해 더 큰 메가시티로 발전할 가능성이 높다. '메가 서울' 구상에 따라 김포, 구리, 광명, 하남, 과천, 성남, 고양 등이 서울에 편입될 수 있다. 따라서 앞으로 서울의 인구를 언급할 때는 1000만명이 아닌 주변 도시들과의 연계를 통한 메가시티로 발전을 고려하여 앞으로는 서울의 인구를 2000만명 규모로 봐야 하는 것이 맞다.

3. 도시 연담화 현상:

오세훈 서울시장이 언급한 '도시 연담화' 현상은 서울과 주변 도시들이 기능적으로 결합되어 가는 과정을 의미한다. 이는 벤 윌슨이 주장한 도시의 자연스러운 확장 과정과 일치한다.

4. 교통망 발달을 통한 확장:

GTX와 같은 광역교통망의 확충은 서울의 실질적인 생활권을 확대시킬 것이다. 이는 물리적 확장 뿐만 아니라 기능적 확장을 의미한다.

5. 수직적 성장:

2050년경 서울은 자연과 공존하는 수직 입체도시로 발전할 가능성이 있다. 이는 도시의 수평적 확장과 더불어 수직적 성장도 동시에 일어날 것임을 시사한다.

6. 문화와 기술의 융합:

벤 윌슨은 도시를 문명의 중심지로 보았다. 서울 역시 문화와 첨단 기술이 융합된 미래형 도시로 발전할 것으로 예상된다.

7. 환경적 도전과 적응:

도시 확장에 따른 환경 문제에 대응하기 위해, 서울은 지속가능한 발전 모델을 모색할 것이다. 이는 벤 윌슨이 강조한 도시의 적응력과 연관된다.

결론적으로, 벤 윌슨의 시각에서 볼 때 서울은 지속적인 확장과 팽창을 통해 더 큰 메가시티로 발전할 것이며, 이 과정에서 주변 도시들과의 연계, 교통망 발달, 수직적 성장, 문화기술 융합 등이 주요한 특징이 될 것으로 전망된다.

서울 vs 주변 도시:
공존인가, 흡수인가?
메가 서울의 두 얼굴

도시의 팽창과 확장은 역사적으로 지속되어 온 현상이다. 벤 윌슨의 『메트로폴리스』에서 언급된 바와 같이, 기원전 2100년경 기후변화로 인해 소멸한 세계 최초의 도시 우루크를 제외하면, 대부분의 도시는 지속적인 성장을 경험해왔다. 서울 역시 이러한 세계적 추세를 따르고 있으며, 미래에도 계속해서 팽창과 확장을 이어갈 것으로 예상된다.

서울의 역사적 확장 과정을 살펴보면, 이러한 주장의 설득력을 확인할 수 있다. 조선 시대 한양으로 시작된 서울은 1394년 수도로 정해진 이후 꾸준히 성장해왔다. 특히 20세기 들어 서울의 확장 속도는 더욱 가속화되었다. 1963년에는 양주군, 광주군, 시흥군, 김포군, 부천군의 일부가 서울시로 편입되었고, 1973년에는 면적이 약 605제곱킬로미터로 확장되었다.

현재 서울의 모습은 지난 1세기 동안 급격히 변화한 결과물이다. 서울 면적의 95%가 지난 100년 동안 만들어진 신도시라고 할 수 있으며, 이는 서울이 역사적 도시임에도 불구하고 현대적 도시로 빠르게 변모했음을 보여준다. 이러한 변화 속도는 시간이 지날수록 더욱 빨라져, 고대에는 약 500년간 지속되던 도시 형태가 최근에는 10년 단위로 변화하고 있다.

앞서 언급한 대로 서울의 미래 확장 가능성은 '메가 서울' 구상에서도 엿볼 수 있다. 이 구상에 따르면 김포, 구리, 광명, 하남, 과천, 성남, 고양 등 주변 도시들이 서울에 편입될 수 있다. 이는 서울의 인구가 현재 1000만 명에서 2000만 명으로 늘어날 수 있음을 시사한다.

'메가 서울'의 현실화

또한, '메가 서울'의 현실화를 가능케 하는 핵심 요인은 자동차와 철도를 중심으로 한 교통망의 발전이다. 역사적으로 도시들은 주로 선박을 이용하기 위해 강을 중심으로 형성되었지만, 현대 문명사회에서는 자동차와 철도를 중심으로 한 광역교통망의 확충이 도시의 확장과 팽창 속도를 가속화하고 있다.

최근 수도권을 연결하는 GTX(수도권광역급행철도)와 같은 고속철도 시스템의 도입은 서울의 영향력을 더욱 넓은 지역으로 확장시키고 있다. 실제로 2024년 3월 개통된 GTX-A 노선은 수도권 남부 지역의 서울 접근성을 크게 향상시켰다. 예를 들어, GTX-A 성남역을 이용하면 동탄에서 수서역까지 약 6분 만에 이동할 수 있게 되었다. 이는 기존에 30분 정도 소요되던 시간을 획기적으로 단축한 것이다.

이러한 교통 인프라의 발달은 서울의 실질적인 생활권을 더욱 확대시키고 있다. '메가 서울' 구상에 따르면, 김포를 비롯해 구리, 광명, 하남, 과천, 성남, 고양 등의 서울 편입 가능성이 거론되고 있다. 이는 단순한 행정구역의 확장을 넘어, 교통망의 발달로 인한 생활권의 실질적 확대를 반영한 것이다.

더불어 미래 도시 계획에서도 이러한 추세가 반영되고 있다. 서울시의 「2040 서울도시기본계획」에 따르면, 신규 교통수단의 발달로 광역 생활권의 범위가 더욱 확대될 것으로 전망하고 있다. 이는 GTX와 같은 고속철도 시스템이 서울의 영향력을 더욱 넓은 지역으로 확장시킬 것이라는 예측을 뒷받침한다.

또한, 이러한 교통망의 발달은 단순히 서울의 확장에만 국한되지 않는다. 세계적으로도 메가시티 구축의 핵심 요소로 교통 인프라가 강조되고 있다. 예를 들어, 일본의 토요타는 후지산 주변에 70만8천m^2 규모의 스마트 시티 '우븐 시티'(Woven City)를 건설 중이며, 이 도시에서는 자율주행차와 퍼스널 모빌리티 등 첨단 교통 기술이 실증될 예정이다.

결론적으로, 자동차와 철도를 중심으로 한 교통망의 발달은 '메가 서울'의 현실화를 가능케 하는 핵심 동력이다. GTX와 같은 고속철도 시스템의 도입은 서울의 실질적인 생활권을 더욱 확대시키고 있으며, 이는 미래 도시 계획과 세계적인 메가시티 트렌드와도 맥을 같이 한다. 이러한 교통 인프라의 발전은 앞으로도 서울의 확장과 영향력 증대를 더욱 가속화할 것으로 전망된다.

이러한 역사적 사실과 미래 전망을 고려할 때, 서울이 앞으로도 계속해서 팽창과 확장을 지속할 것이라는 주장은 상당한 설득력을 가진다. 다만, 이러한 대도시 중심의 확장 과정에서 발생할 수 있는 환경 문제, 그리고 지방도시의 소외와 같은 지역 간 불균형 등의 과제에 대한 고려도 함께 풀어야할 숙제이다.

2호선을 잡아라:
서울 지하철 2호선의 마법

서울의 황금라인, 2호선의 매력

서울에서 최고의 교통입지는 바로 황금라인 또는 골드라인이라 불리는 2호선 라인이다. 서울의 2호선은 360도 원을 그리며 운행하는 유일한 순환선이다. 2호선만 타고 가면 환승역만도 무려 23개나 있어서 다른 어떤 전철라인이라도 쉽게 갈아타고 강남북 서울 어디든지 손쉽게 갈 수 있다.

하루 평균 230만 명이 애용하고 있는 2호선은 우리나라 최고의 꿀단지, 황금 비즈니스 노선이다. 환승역이 많으면 그만큼 환승 인원이 많고 출퇴근이 편리하므로 주거용 부동산은 물론이고 상업용 건물 등 인근 부동산은 황금값을 자랑한다.

투자의 기회, 2호선 역세권

서울의 2호선 라인의 역세권 주택이 너무 비싸다면 조그마한 상가점포나 노후대비 임대수입을 위한 조그마한 원룸 오피스텔이라도 사 두면 손해볼 일은 없다. 수요에 맞춰 2호선 역세권 지역은 시행사들이 오피스텔 공급을 가장 선호하는 지역이다. 그만큼 출퇴근 교통여건이 좋아서 임대수요가 충분하다는 이야기이므로 공실걱정은 없다.

2호선은 강남, 잠실, 송파 등 강남 3구를 관통할 뿐만 아니라 시청, 을지로 등 서울 최고의 업무지구를 관통한다. 또한 구로디지털단지 등 산업단지와도 연결되고, 서울대, 신촌, 이대, 홍대, 건국대 등 웬만한 대학들도 관통하는 우리나라에서 유동인구가 가장 많은 곳이 2호선 라인이다. 이처럼 서울의 2호선은 도시의 핵심 지역을 연결하고 막대한 유동인구를 수송하는 중요한 교통축으로서, 부동산 가치와 도시 발전에 큰 영향을 미치는 황금라인으로 자리매김하고 있다.

임대시장의 기준, 2호선의 전략적 위치

2호선 역세권은 임차수요가 가장 많은 곳으로 서울의 임대료 시장을 대표하고 이끌어나가는 기준이 되는 곳이다.

서울의 2호선과 유사한 역할을 하는 해외 도시의 지하철 노선으로는 런던의 서클 라인(Circle Line)을 들 수 있다. 런던의 서클 라인은 도심을 순환하며 주요 비즈니스 지구와 관광지를 연결하는 중요한 역할을 한다. 또한 국내 사례로는 부산의 1호선을 들 수 있다. 부산 1호선은 부산의 주요 상권과 관광지를 연결하며 도시의 중추적인 교통 역할을 담당하고 있다. 일본의 사례에서도 순환선 역세권의 미래 가치를 더욱 명확히 보여준다. 도쿄의 야마노테선은 우리나라 2호선과 유사한 순환선 구조를 가지고 있는데, 이 노선의 역세권 부동산은 도쿄 평균 대비 1.5배 높은 가치를 보이고 있다. 임대료 수익률은 타 지역 대비 20~30% 높으며, 공실률은 도쿄 평균의 절반 수준에 불과하다. 이는 순환선 역세권의 가치가 시간이 갈수록 더욱 높아질 것이라는 전망에 힘을 실어준다.

2호선의 각 역세권은 저마다의 특색 있는 발전 가능성을 보여주고 있다. 강남역 주변은 대한민국 최고의 업무 중심지로서 지난 20년간 연평균 8% 이상의 가격 상승률을 기록했다. 1990년대 초 3.3m^2당 1,000만 원대였던 아파트가 현재는 7,000만 원대를 훌쩍 넘어섰다. 신촌역 인근은 대학가와 상권이 결합되어 원룸 임대수익률이 연 5~6%를 꾸준히 유지하고 있으며, 상가 공실률도 3% 미만으로 안정적인 수익을 창출하고 있다.

2호선 역세권의 미래 가치 역시 더욱 밝다. GTX 노선과의 연계성 강화, 환승센터 확충, 버스체계 개편 등 교통 인프라의 지속적인 개선이 예정되어 있다. 또한 역세권 고밀도 개발 계획, 용적률 상향 조정 가능성, 복합개발 사업 증가 등 다양한 개발 호재도 기대된다.

투자 전략 측면에서는 역세권의 특성을 면밀히 분석하는 것이 중요하다. 핵심 상권과의 인접성, 유동인구 집중도, 업무시설 밀집도 등을 고려해야 하며, 다른 노선과의 환승 가능성과 버스 노선과의 연계성도 중요한 체크포인트다. 주거용 부동산의 경우 본인의 자본 여력에 맞게 역세권 500m 이내의 아파트나 원룸, 오피스텔 등을 우선 고려하면 좋다. 이런 지역에 한 번 투자해 두면 평생 묻어두어도 손실나기 어려운 지역이 될 것으로 판단된다. 필자 역시 오래전부터 2호선 역세권에 주로 투자를 집중해 놓고 있다.

상업용 부동산 투자라면 1층 상가의 경우 프랜차이즈 입점 가능성을, 오피스텔은 역 도보 3분 이내 물건을, 업무시설은 대기업 입주 여부를 중점적으로 살펴봐야 한다. 특히 역세권 상가의 경우, 유동인구가 많고 접근성이 뛰어나 안정적인 임대수익을 기대할 수 있다.

다만 투자 시에는 몇 가지 주의사항도 있다. 초기 투자금액이 큰 만큼 신중한 접근이 필요하며, 레버리지 활용 시에는 갑작스런 경기침체 등의 기대하지 못했던 일시적인 비상시를 대비해 전세금이나 부채비중을 낮추는 등의 철저한 리스크 관리가 중요하다. 또한 역세권이라 하더라도 배후 수요를 꼼꼼히 확인하고, 개발 제한 요소나 주변 환경 변화 가능성도 세세하게 점검해야 한다.

　2호선 역세권 투자의 성공 사례는 계속해서 늘어나고 있다. 홍대입구역 인근의 경우, 문화예술 특구로 지정된 이후 부동산 가치가 크게 상승했으며, 건대입구역 주변은 롯데월드몰 입점 이후 상권이 더욱 활성화되었다. 이러한 사례들은 2호선 역세권의 잠재적 가치를 잘 보여준다.

　결론적으로, 2호선 역세권 투자는 서울 부동산 시장에서 가장 안정적이고 수익성 높은 전략 중 하나이다. 순환선이라는 특성으로 인한 뛰어난 접근성과 풍부한 인프라는 지속적인 가치 상승을 기대할 수 있게 한다. 투자자들은 각 역세권의 특성을 면밀히 분석하고, 자신의 투자 목적과 예산에 맞는 물건을 신중하게 선택해야 한다.

　미래 서울의 발전 방향을 고려할 때, 2호선 역세권의 가치는 더욱 빛을 발할 것으로 전망된다. 도시의 지속적인 성장과 함께 교통 인프라의 중요성은 더욱 커질 것이며, 이는 순환선 역세권의 프리미엄을 더욱 높이는 요인이 될 것이다. 따라서 2호선 역세권 투자는 장기적 관점에서 서울 부동산 시장의 가장 확실한 투자 전략임에 틀림없다.

서울의 황금 노선을 따라가는
부동산 투자의 지도

4만불 시대, 지하철 노선이 결정하는 부동산 가치의 미래

조선시대 한양의 부동산 가치는 한강을 중심으로 한 뱃길과 포구를 따라 형성되었다. 마포나루, 용산나루 등 주요 포구 주변이 상권의 중심지였고, 자연스럽게 부동산 가치도 높았다. 현대 서울의 부동산 가치는 지하철 노선을 따라 결정된다. 특히 4만불 시대를 맞이한 지금, 직주근접성과 교통 편의성은 부동산 가치를 결정하는 가장 중요한 요소가 되었다.

서울 지하철의 대동맥인 2호선은 서울의 주요 업무지구와 상업지구를 순환하며 연결하는 '황금노선'이다. 을지로-왕십리-건대-잠실-강남-사당-영등포-홍대-신촌을 잇는 60.2km의 순환선으로, 하루 평균 이용객이 132만명에 달한다. 특히 교대-강남 구간은 출근 시간대 혼잡률이 225%에 달할 정도로 수요가 높다. 2호선 역세권은 수익형 부동산 시장에서 '분양 흥행 보증수표'로 통한다.

1호선은 서울 최초의 지하철 노선으로, 경인선과 경부선을 연결하며 수도권 전체를 아우른다. 특히 용산역 일대는 대규모 개발 계획과 GTX 노선 개통 예정으로 미래가치가 높게 평가된다. 3호선은 서울 서북부와 동남부를 대각선으로 연결하는 노선으로, 업무지구와 주거지역을 효율적으로 잇는다. 실제로 역세권 아파트 선호도 조사에서 33.9%로 1위를 차지했다.

4호선은 당고개에서 오이도까지 서울 동북부와 서남부를 연결하며, 강남 접근성이 뛰어나다. 5호선은 김포공항에서 하남까지 서울을 동서로 관통하며, 환승역이 많아 접근성이 뛰어나다. 특히 김포·검단 연장선 개통이 확정되어 미래가치가 주목받고 있다.

6호선은 응암에서 신내까지 서울 북부를 순환하는 노선으로, 상암 DMC 개발과 함께 가치가 상승하고 있다. 7호선은 장암에서 부평구청까지 서울과 인천을 잇는 노선으로, 2024년 기준 역세권 청약 경쟁률이 평균 198대 1을 기록할 정도로 인기가 높다.

8호선은 암사에서 모란까지 비교적 짧은 구간이지만, 별내선 연장으로 새로운 도약을 준비하고 있다. 9호선은 개화에서 중앙보훈병원까지 강남 접근성이 뛰어난 노선으로, 급행열차 운행으로 이용자들의 만족도가 높다.

경의중앙선은 서울의 동서를 잇는 핵심 노선으로, 문산에서 용문까지 118.7km를 연결하며 서울 도심과 수도권을 효율적으로 연결한다. 경의중앙선의 가장 큰 장점은 다양한 환승 연계성이다. 용산역에서는 1호선과 GTX-A, 공덕역에서는 5·6호선과 공항철도, 청량리역에서는 1호선과 GTX-B 등과 환승이 가능하다. 특히 청량리역은 2030년까지 이용객이 30만 명으로 증가할 것으로 예상되는 미래 교통 허브이다.

경의중앙선 역세권은 높은 가치 상승이 기대되는데, 일산 지역의 경우 대곡역에서 GTX-A노선 환승이 가능하며, 특히 일산역은 인천2호선, 서해선 연장 사업으로 트리플 역세권으로 발전할 예정이다.

수인분당선은 서울 청량리에서 인천까지 108km를 연결하는 수도권 광역철도로, 2020년 수인선과 분당선이 통합되며 현재의 모습을 갖추게 되었다. 강남 테헤란로 업무지구와 분당 신도시를 연결하는 핵심 노선으로, 선릉-강남구청-압구정로데오 등 강남 핵심상권을 관통한다. 분당구간에서는 정자역, 미금역, 오리역 등이 대표적 역세권을 형성하고 있으며, 용인-수원 구간은 GTX 개통과 용인 플랫폼시티 개발로 미래가치가 주목받고 있다. 특히 청량리역은 GTX-B노선, 강남구청역은 GTX-C노선과 환승이 가능해져 광역 교통망의 중심축으로 발전할 전망이다.

투자 관점에서 볼 때, 2호선, 3호선, 9호선과 함께 수인분당선, 경의중앙선이 주목받고 있다. 이들 노선은 서울의 3대 업무지구(CBD, GBD, YBD)를 관통할 뿐만 아니라, 수도권 핵심 지역까지 연결하며 광역 교통망의 중추 역할을 한다. 특히 GBD(강남업무지구)를 지나는 2호선, 3호선, 수인분당선은 테헤란로를 중심으로 한 대기업과 IT기업의 밀집도가 높아 안정적인 임대수요가 보장된다.

GTX 등 광역교통망과의 연계성도 주목할 만하다. 1호선(용산역), 2호선(신도림역), 3호선(연신내역), 수인분당선(강남구청역, 청량리역), 경의중앙선(용산역, 대곡역) 등 GTX 환승역 예정지 인근은 미래가치 상승이 기대된다. 특히 용산역 일대는 국제업무지구 개발과 함께 경의중앙선, 1호선, GTX가 교차하는 트리플 역세권으로 발전하며 서울의 새로운 중심지로 부상할 전망이다. 더불어 수인분당선의 강남구청역은 GTX-C노선과의 환승으로, 청량리역은 GTX-B노선과의 환승으로 광역 교통의 핵심 거점이 될 것으로 예상된다.

결론적으로, 4만불 시대 서울의 부동산 가치는 지하철 노선을 따라 더욱 뚜렷한 양극화 현상을 보일 것이다. 특히 주요 업무지구를 연결하는 노선과 광역교통망 환승역 인근의 가치 상승이 두드러질 것으로 예상된다. 투자자들은 단순한 역세권이 아닌, 노선의 특성과 개발 계획을 종합적으로 고려한 접근이 필요하다.

강남 부동산의 비밀:
팔지 않는 자가 승리한다

강남 부동산 시장에서 '좋은 물건'을 구하기란 하늘의 별 따기만큼 어렵다. 특히 100억대 빌딩은 더욱 그러하다. 이유는 의외로 단순하다. 바로 건물 소유주들이 팔지 않으려 하기 때문이다. 그들의 이러한 행동 뒤에는 어떤 논리가 숨어 있을까?

몇가지 사례를 살펴보자. 강남에서 성형외과를 운영하는 의사 A씨의 경우가 좋은 사례이다. A씨는 수년 전 매입한 강남 소재 빌딩의 가치가 크게 상승했음에도 불구하고, 막대한 양도세 부담 때문에 매각을 망설이고 있다. A씨는 "빌딩을 팔면 절반 가까이를 세금으로 내야 한다"며 매각을 주저하고 있다. 50대 B씨는 15년 전 상속받은 빌딩을 매각하려 했으나, 10억 원대의 양도세 부담에 고민하다 결국 자녀에게 증여하는 방식을 선택했다. B씨는 양도세 절세를 위해 자녀에게 미리 증여한 후 10년 이상 보유하게 하는 전략을 택했다. 반면, 실제로 고액의 양도세를 납부하는 바람에 오히려 실질적인 손해를 본 사례도 있다. 유명 배우 A씨는 2022년 서울 강남구 논현동 빌딩을 140억 원대에 매입한 후 1년 만에 150억 원에 매각했다. 10억 원의 차익이 있었지만 이 과정에서 상당한 양도세를 납부한 것으로 알려졌다. 세무 전문가들은 취득세와 양도세 등을 고려하면 실질적으로는 손해를 본 거래였을 것으로 분석했다.

핵심은 세금이다. 강남구 소재 건물소유주 A씨는 10년 전에 30억 원에 매입한 건물을 현재 시세인 200억 원에 빌딩을 매각하려고 시도했다가 세금 때문에 포기했다. 만약 매도시 납부할 양도소득세가 최고세율 45%를 적용받아 무려 57억 원에 가깝다. 즉, 200억 원에 달하는 빌딩을 팔아도 실제 손에 쥐는 돈은 143억 원 정도에 불과하다는 뜻이다. 이는 부동산 시장에서 큰 딜레마를 야기한다.

200억대 빌딩의 숨겨진 진실: 팔면 손해, 가지면 득

A씨가 양도세 세금내고 남는 143억 원으로는 기존의 200억 원짜리 빌딩과 비슷한 가치의 부동산을 다시 구입하기 어렵다. 결국 소유주 입장에서는 현재의 자산 가치를 유지하기 위해 팔지 않는 것이 최선의 선택이 된다. 이러한 현상은 강남 부동산 시장의 유동성을 크게 저하시키는 요인으로 작용한다.

그렇다면 강남의 고가 부동산이 시장에 나오는 경우는 언제일까? 대부분 불가피한 상황, 즉 소유주의 사망으로 인한 상속세 납부 때문이다. 상속세 역시 매우 높은 편이라 유족들이 세금을 마련하기 위해 부동산을 급매로 내놓는 경우가 종종 있다. 이런 상황에서야 비로소 '좋은 물건'이 시장에 나오게 되는 것이다.

이러한 구조는 강남 부동산 시장의 독특한 생태계를 만들어냈다. 한 번 매입한 부동산은 웬만해서는 팔지 않고 계속 보유하는 것이 일반적인 전략이 된 것이다. 이는 '부동산은 사는 것이 아니라 모으는 것'이라는 강남 부자들의 투자 철학을 잘 보여준다.

이런 상황은 새로운 투자자들의 시장 진입을 어렵게 만든다. 좋은 물건은 좀처럼 시장에 나오지 않고, 나오더라도 가격이 매우 높아 접근하기 쉽지 않기 때문이다. 결과적으로 강남의 부동산 부자들은 더욱 부자가 되고, 새로운 진입자들은 기회를 잡기 어려워지는 양극화 현상이 심화된다.

서울 3대 업무지구의 황금입지: CBD 인접 부동산 투자 전략

서울의 3대 중심업무지구(CBD) 인근 주거용 부동산이 새로운 투자 블루칩으로 부상하고 있다. 광화문·시청 일대의 도심CBD, 여의도 일대의 YBD, 강남 테헤란로 일대의 GBD는 서울의 경제 심장부로서, 이들 지역 인근의 주거용 부동산은 높은 투자가치를 보이고 있다.

3대 업무지구의 특성과 가치

서울의 3대 업무지구는 공공행정기관, 금융기관, 대기업 등 다양한 업무시설이 밀집해 있고, 교통과 편의시설 인프라가 풍부한 핵심 지역이다.

서울 3대 업무지구 중 현재 가장 인기 있는 지역은 GBD(강남권)이다. 그 이유는 근무자 수에 있어서 CBD가 54만명으로 1위, GBD(강남)가 44만명으로 2위지만 IT기업과 스타트업의 지속적인 유입으로 성장세가 높다. 2025년 매매금액을 분석하면 GBD(강남권), YBD(여의도권), CBD(도심권) 순으로 거래가 활발하다. 또한 GBD는 임대료가 높은 상승률을 보이지만 최저 공실률을 기록하고 있어 안정적인 수요가 확보되어 있는 곳이다.

GBD(강남업무지구)는 서울 3대 업무지구 중에서도 독보적인 위치를 차지하고 있다. 특히 테헤란로를 중심으로 삼성, 네이버, 카카오 등 대기업과 IT기업들이 밀집해 있으며, 벤처캐피탈과 같은 투자사들도 이 지역에 집중되어 있다.

강남의 우수한 교통 인프라도 주목할 만하다. 2호선, 3호선, 9호선, 신분당선 등 다양한 지하철 노선이 교차하고, 광역버스 노선도 풍부해 수도권 어디서나 접근이 용이하다. 이러한 뛰어난 접근성은 우수 인재 확보에 큰 강점으로 작용하고 있다.

이러한 GBD의 경쟁력은 부동산 가치에도 반영되고 있다. 한국부동산원의 최신 자료에 따르면, 업무지구 인접 지역의 매매가격지수는 마포구 118.47, 영등포구 116.38, 강남구 115.1, 중구 113.87로, 서울 평균 113.35를 웃도는 수준을 기록하고 있다. 특히 강남구는 높은 매매가에도 불구하고 꾸준한 상승세를 보이고 있어, 업무지구로서의 경쟁력이 지속적으로 강화되고 있음을 보여준다.

수요와 공급의 불균형

3대 업무지구 인근은 직장으로의 출퇴근이 편리해 주거 수요가 넘치는 반면, 공급되는 주거 단지는 극히 제한적이다. 예를 들어 중구의 경우 아파트 입주 물량이 2만3,903세대로 서울 전체 물량(175만5,804세대)의 약 1.36%에 불과하다. 이러한 수급 불균형은 가격 상승의 주요 동인이 되고 있다.

투자 수요의 집중

실제 청약 시장에서도 업무지구 인근 주거단지의 인기는 뜨겁다. 2024년 1월 중구의 '힐스테이트 청계 센트럴' 오피스텔은 522실 모집에 6,640건이 접수되어 평균 12.72대 1의 경쟁률을 기록했다. 도시형 생활주택의 경우도 마포구 '신공덕 아이파크'가 136세대 모집에 4,814건이 접수되어 35.4대 1의 높은 경쟁률을 보였다.

2030 서울플랜과 미래가치

2030 서울플랜에서는 3도심(한양도성, 여의도·영등포, 강남) 체제를 더욱 강화하는 방향으로 도시 발전 계획을 수립했다. 이는 3대 업무지구 인근 부동산의 가치 상승을 뒷받침하는 정책적 기반이 될 것이다.

투자 전략

1. 접근성 중심의 선택
- 지하철 환승역 도보 10분 이내 위치
- 복수의 업무지구(중구, 용산구)로 접근 가능한 입지 선호.
- 직주근접성과 한정된 부지로 인한 희소가치 상승

2. 상품 유형의 다각화
- 오피스텔, 도시형생활주택 등 소형 주거상품 포함
- 1인 가구부터 다인 가구까지 다양한 수요층 고려

결론적으로, 3대 업무지구 인근 주거용 부동산은 직주근접성, 희소성, 풍부한 임대수요를 바탕으로 지속적인 가치 상승이 기대된다. 특히 2025년 이후 도시 재생 및 교통 인프라 확충 계획과 맞물려 더욱 높은 투자가치를 보일 것으로 전망된다.

1주택자의 서울 수도권
부동산 투자 전략

부동산 투자의 세계는 끊임없이 변화하고 있다. 특히 1주택 소유자들에게 현재의 시장 상황은 매우 유리한 투자 기회를 제공하고 있다. 이는 2번째 주택 매입 시 취득세 중과가 적용되지 않는 정책 덕분이다. 이러한 환경에서 1주택 소유자들은 적극적으로 투자 전략을 수립해야 한다.

GTX가 바꾸는 수도권 부동산 지도: 하남·고양시 투자 전략

먼저, 투자 지역 선정에 있어 신중해야 한다. 강남3구(강남,서초,송파)와 용산구는 여전히 취득세 중과 대상이지만, 그 외의 서울 및 수도권 지역은 매력적인 투자처가 될 수 있다. 특히 주목해야 할 곳은 교통 인프라가 개선되고 있는 지역이다. GTX 노선이 지나가는 지역이나 신규 지하철 노선이 계획된 곳은 미래 가치 상승의 잠재력이 크다. 예를 들어, 경기도 하남시나 고양시 등은 GTX 개통으로 서울 접근성이 크게 개선될 예정이므로 투자 가치가 높다.

다음으로, 재개발이나 재건축 예정 지역에 주목해야 한다. 이러한 지역은 초기에는 저평가되어 있지만, 개발이 진행됨에 따라 큰 가치 상승을 기대할 수 있다. 서울의 경우 노후 주거지역 중 재개발 계획이 수립된 곳, 예를 들어 성동구나 동대문구의 일부 지역들이 좋은 예시다. 이런 곳에 투자할 경우, 장기적으로 큰 수익을 얻을 수 있다.

1주택자의 똑똑한 투자 방법: 갭투자부터 모아타운까지

또한, 소형 주택에 대한 투자도 고려해볼 만하다. 1-2인 가구의 증가로 소형 주택에 대한 수요가 꾸준히 늘고 있다. 특히 역세권의 소형 아파트나 오피스텔은 안정적인 임대 수익을 기대할 수 있다. 예를 들어, 서울 마포구나 영등포구의 역세권 소형 주택은 직장인들의 수요가 높아 투자 가치가 높다.

투자 방식에 있어서도 창의적인 접근이 필요하다. 예를 들어, '갭투자'를 고려해볼 수 있다. 약 1억 원 내외로 서울내 지하철 초역세권에서 재건축가능한 소형 원룸 아파트를 전세끼고 투자할 곳을 손쉽게 찾을 수 있다. 이는 전세금을 활용해 주택을 구입하는 방식으로, 적은 자본으로도 투자가 가능하다. 다만, 이 경우 임대차 3법에 따른 리스크를 충분히 고려해야 한다.

또 다른 전략으로는 '지분 투자'를 들 수 있다. 고가의 주택을 단독으로 구입하기 어렵다면, 다른 투자자들과 함께 지분을 나누어 투자하는 방식이다. 이는 리스크를 분산시키면서도 고가 주택의 가치 상승을 누릴 수 있는 방법이다.

'모아타운' 투자도 주목할 만하다. 모아타운은 서울시가 추진하는 새로운 형태의 주거지 정비 사업으로, 소규모로 진행되며 사업 기간이 짧다는 장점이 있다. 예를 들어, 구로구나 강북구의 일부 지역이 모아타운 중에서도 투자가치가 높은 곳이다.

투자 시기 선정도 중요하다. 부동산 시장은 주기성을 가지고 있으므로, 시장의 저점을 노리는 것이 중요하다. 현재와 같이 금리가 높고 거래가 침체된 시기는 오히려 좋은 매수 기회가 될 수 있다. 시장이 회복되기 시작할 때 선제적으로 투자하면 높은 수익을 얻을 수 있다.

세금 걱정 없는 투자 전략: 1주택자를 위한 절세 노하우

또한, 세금 측면에서의 전략도 필요하다. 1주택자가 2주택이 되면 양도소득세 부담이 커지므로, 장기적인 절세 계획을 세워야 한다. 예를 들어, 새로 구입한 주택을 2년 이상 보유하고 실거주한 후 기존 주택을 매각하면 양도세 비과세 혜택을 적극 활용해 보는 방법도 추천한다.

마지막으로, 투자 포트폴리오의 다각화도 고려해야 한다. 주택 투자만으로는 리스크가 클 수 있으므로, 상업용 부동산이나 토지 등 다양한 유형의 부동산에 분산 투자하는 것이 좋다. 예를 들어, 수익형 부동산인 상가나 오피스 빌딩에 일부 투자하여 안정적인 임대 수익을 확보할 수 있다.

이러한 투자 전략을 실행할 때는 항상 신중해야 한다. 투자 전 해당 지역의 개발 계획, 인구 동향, 경제 지표 등을 철저히 분석해야 한다. 또한, 자신의 재무 상황을 정확히 파악하고, 무리한 대출은 피해야 한다. 레버리지를 활용한 투자는 수익률을 높일 수 있지만, 동시에 리스크도 커지기 때문이다.

결론적으로, 1주택 소유자들에게 현재의 부동산 시장은 기회의 장이다. 취득세 중과가 없는 지역을 중심으로, 교통 인프라 개선 지역, 재개발 예정 지역, 소형 주택 등에 주목해야 한다. 투자 방식에 있어서도 갭투자, 지분 투자, 모아타운 투자 등 다양한 옵션을 고려해볼 수 있다. 시장의 주기성을 이해하고 적절한 시기에 투자하며, 세금 측면의 전략도 함께 고려해야 한다. 또한, 투자 포트폴리오의 다각화를 통해 리스크를 분산시키는 것이 중요하다. 이러한 전략들을 종합적으로 고려하여 신중하게 접근한다면, 1주택 소유자들도 성공적인 부동산 투자를 통해 자산을 효과적으로 증식할 수 있을 것이다.

용산의 부상: 서울의 새로운 '센트럴파크'가 만드는 부동산 혁명

슈퍼리치의 새로운 안식처: 청담동에서 한남동으로

서울의 부동산 시장은 끊임없는 변화를 겪고 있다. 특히 2020년대에 들어서면서 청담동, 삼성동, 용산 한남동이 새로운 초고가 주거지역으로 급부상하고 있는 현상은 주목할 만하다. 이는 단순한 지역 선호도의 변화가 아닌, 대한민국 경제 구조와 사회적 변화의 결과물이라고 볼 수 있다.

과거 1990년대까지만 해도 서울 평창동과 성북동은 대기업 창업자들의 대저택이 자리 잡은 슈퍼리치의 상징적 주거지역이었다. 그러나 IT 산업의 급성장과 함께 새로운 부의 주체로 떠오른 성공한 IT 기업인, 스포츠 스타, 연예인들의 주거 선호도가 변화하면서 강남북 접근성이 뛰어나고 올림픽대로 등 교통 인프라가 잘 갖춰진 지역으로 초고가 주거 지역의 중심이 이동하고 있다.

특히 용산구 한남동은 이러한 변화의 중심에 서 있다. 한남더힐(2006년 입주, 600가구)과 나인원 한남(2018년 입주, 341가구)을 중심으로 형성된 초고가 주거단지는 아파트와 단독주택의 장점을 결합한 새로운 주거 형태를 제시하며 부유층의 관심을 한 몸에 받고 있다. 이들 단지는 한강과 남산의 조망권을 동시에 확보하고 있으며, 도심과의 근접성도 뛰어나 향후 서울의 대표적인 초고가 주거지역으로 자리매김할 전망이다.

한국판 센트럴파크: 용산민족공원의 미래

용산구의 부상은 단순히 주거 환경의 변화만으로 설명할 수 없다. 용산 지역의 개발 계획, 특히 용산민족공원 조성 계획은 이 지역의 가치를 한층 더 끌어올리는 핵심 요인이 될 것이다. 약 90만 평 규모로 조성될 예정인 용산민족공원은 뉴욕의 센트럴파크(약 100만 평)에 버금가는 규모로, 도심 내 대규모 녹지 공간을 제공할 것이다. 이는 단순한 공원 조성을 넘어 서울의 도시 구조를 획기적으로 변화시킬 프로젝트로 평가받고 있다.

용산민족공원의 가치는 단순히 그 규모에만 있지 않다. 공원의 위치가 서울의 중심부에 자리하고 있으며, 한강과 인접해 있다는 점에서 향후 서울의 대표적인 명소로 자리 잡을 가능성이 높다. 특히 공원 주변 지역의 부동산 가치 상승은 이미 예견되고 있으며, 이는 용산구 전체의 가치 상승으로 이어질 것으로 전망된다.

용산구의 발전 가능성은 교통 인프라의 개선에서도 찾아볼 수 있다. 동쪽으로는 남산 2호 터널과 3호 터널이 반포로를 통해 강남과 직결되며, 서쪽으로는 서울역에서 한강대교 북단까지 이어지는 4km의 한강로가 개발될 예정이다. 이 지역은 향후 용산의 '테헤란로'로 불릴 만큼 대기업 본사 건물과 대형 빌딩들이 들어설 것으로 예상된다.

또한, 용산역의 교통 허브로서의 기능 강화도 주목할 만하다. KTX, GTX-B노선, 지하철 4호선, 신분당선 연장이 진행될 예정으로, 이는 용산구의 접근성을 획기적으로 개선시킬 것이다. 이러한 교통 인프라의 개선은 용산구의 업무 및 주거 기능을 더욱 강화시킬 것으로 예상된다.

아시아의 실리콘밸리를 꿈꾸는 용산국제업무지구

특히 주목할 만한 것은 용산역 뒤편의 철도정비창 부지 개발 계획이다. 이 지역은 서울 도심에 남아 있는 마지막 대규모 개발 가능지로, 용산전자상가 개발과 연계하여 서울 내 최대 국제업무지구로 조성될 예정이다[8]. 오세훈 서울시장이 10년 전부터 구상해 온 111층 초고층 건물을 포함한 '아시아의 실리콘밸리' 계획이 이 지역을 중심으로 실현될 가능성이 높아지고 있다.

이러한 개발 계획들은 용산구, 특히 한남동 일대의 부동산 가치를 크게 끌어올릴 것으로 예상된다. 이미 한남더힐과 나인원 한남 등의 초고가 아파트들이 주목받고 있지만, 향후 용산민족공원 조성이 완료되고 국제업무지구가 들어서면 이 지역의 가치는 더욱 상승할 것으로 전망된다.

그러나 이러한 초고가 주거지역의 형성은 우리 사회의 '소득의 양극화' 현상을 더욱 심화시킬 수 있다는 우려도 제기되고 있다. 경제학자 알프레드 마샬(Alfred Marshall)이 주장한 "가격은 수요와 공급이 만나는 곳에서 결정된다"는 원리에 따르면, 희소성 있는 특정 주거용 부동산의 가치와 가격은 소득의 양극화 현상이 심화될수록 더욱 상승할 가능성이 높다.

이는 국내뿐만 아니라 해외 사례에서도 확인할 수 있다. 예를 들어, 뉴욕의 센트럴파크 주변 부동산 가격은 공원 조성 이후 지속적으로 상승해왔으며, 현재는 뉴욕에서 가장 비싼 주거지역 중 하나로 꼽힌다. 런던의 하이드파크 주변이나 도쿄의 요요기 공원 인근 지역도 비슷한 양상을 보이고 있다.

또한, 두바이의 부르즈 할리파 주변 지역이나 싱가포르의 마리나 베이 샌즈 인근 지역 등 대규모 개발 프로젝트가 진행된 지역의 부동산 가격 상승 사례도 주목할 만하다. 이러한 해외 사례들은 용산구, 특히 한남동 일대의 미래 가치를 예측하는 데 참고가 될 수 있다.

결론적으로, 서울의 초고가 주거지역은 청담동, 삼성동, 그리고 용산 한남동을 중심으로 재편되고 있으며, 특히 용산구의 발전 가능성이 매우 높게 평가되고 있다. 용산민족공원 조성, 국제업무지구 개발, 교통 인프라 개선 등의 요인들이 복합적으로 작용하여 이 지역의 가치를 더욱 높일 것으로 예상된다.

부의 양극화와 초고가 주거지역: 용산 개발의 그림자

그러나 이러한 변화가 우리 사회의 양극화를 심화시킬 수 있다는 점에서, 정책 입안자들은 균형 있는 도시 발전과 주거 복지 정책을 동시에 고려해야 할 것이다. 초고가 주거지역의 형성이 불가피한 현상이라면, 이를 통해 발생하는 부가가치를 사회 전체의 발전으로 환원할 수 있는 방안을 모색해야 할 것이다.

용산구, 특히 한남동 일대는 향후 10년간 서울에서 가장 주목받는 부동산 투자 지역이 될 가능성이 높다. 그러나 투자자들은 단기적인 시세차익을 노리기보다는 장기적인 관점에서 이 지역의 발전 가능성을 주시해야 할 것이다. 또한, 실수요자들에게는 이 지역이 제공하는 높은 삶의 질과 편의성이 큰 매력으로 작용할 것이다.

마지막으로, 부동산 시장의 변화는 단순히 경제적 현상이 아닌 우리 사회의 변화를 반영하는 거울이라는 점을 인식해야 한다. 용산구의 부상은 대한민국 경제의 성장과 산업 구조의 변화, 그리고 새로운 부의 주체들의 등장을 상징적으로 보여주는 현상이다. 이러한 변화를 올바르게 이해하고 대응하는 것이 향후 우리 사회의 발전 방향을 결정짓는 중요한 요소가 될 것이다.

서울 아파트 가격의 충격적 진실: 뉴욕의 2배, 실리콘밸리의 2.5배

"서울 아파트는 너무 비싸다." 많은 사람들이 하는 이야기다. 실제로 2025년 1월 기준, 강남 11개구의 평균 아파트 가격은 15억 6,000만 원, 강북 14개구는 9억 5,800만 원을 기록하고 있다. 3.3제곱미터(평)당 평균 매매가는 3,861만 3천원. 30년 근속한 중견기업 부장급(연봉 1억 원) 연봉의 4배가 넘는 금액이다.

충격적인 통계

서울의 주택가격이 얼마나 높은지 객관적으로 보여주는 지표가 있다. 바로 PIR(소득 대비 주택가격 비율)이다. 서울의 PIR은 20.55배. 쉽게 말해 한 가구가 연간 소득을 한 푼도 쓰지 않고 모으면 20년 이상이 걸려야 집을 살 수 있다는 뜻이다.

이는 세계 주요 도시들과 비교해도 매우 높은 수준이다. 뉴욕(11배)의 2배, 워싱턴DC(4배)의 5배에 달한다. 실리콘밸리로 유명한 샌프란시스코(8.4배)와 비교해도 2.5배나 높다.

실제 사례로 보는 충격적 현실

실제 사례를 보자. 2025년초에 서울 강남구 대치동 은마아파트 76m^2는 27억 원에 거래되었다. 같은 시기 노원구 상계동의 같은 평수 아파트는 6억 5천만 원이었다. 더 충격적인 것은 이 가격으로도 실수요자들의 매수세가 이어지고 있다는 점이다.

또 다른 예로, 서울 용산구의 한 직장인 A씨(38세) 사례를 들 수 있다. A씨 부부는 맞벌이로 연간 1억 5천만 원의 소득이 있지만, 거주하고 있는 전세 아파트(84m^2)를 매입하려면 18억 원이 필요하다. 현재 소득으로는 30년 대출을 받아도 매입이 불가능한 상황이다.

왜 이렇게 비싼가?

전문가들은 서울의 높은 주택가격이 단순히 투기 때문만은 아니라고 지적한다. 대기업 본사의 70% 이상이 서울에 있고, 서울 소재 대학이 전체 상위 10개 대학 중 7개를 차지하는 등 양질의 일자리와 교육 인프라가 집중되어 있기 때문이다.

하지만 이를 감안하더라도 현재의 가격은 소득 수준에 비해 지나치게 높다는 것이 중론이다. 특히 강남권의 경우, 학군과 교통 등 프리미엄을 고려하더라도 실제 가치보다 30~40% 정도 고평가되어 있다는 분석이 지배적이다. 미래가치가 선반영되었다고 보면 된다.

결론적으로 서울의 아파트 가격은 국민소득 대비 매우 높은 수준임에는 틀림이 없고 이는 심각한 사회문제로 이어지고 있다. 30대 직장인들은 "평생 모아도 강남 아파트는 살 수 없다"며 좌절하고 있고, 젊은 층의 '영끌' 대출과 '패닉바잉' 현상도 이어지고 있다. 앞으로 이러한 상황은 지속될 수 밖에 없으며 주거 불평등과 자산 양극화는 더욱 심화될 것이다.

더 큰 문제는 이러한 양극화가 시간이 갈수록 심화된다는 점이다. KB부동산 통계에 따르면, 2025년 1월 기준 서울의 아파트 가격 상위 20% 한 채 값으로 하위 20% 아파트를 5.5채나 살 수 있다. 이것은 곧 고가 아파트와 저가 아파트 간 가격 격차가 크다는 것을 의미한다. 이는 통계 작성 이래 최대 격차다. 자유시장경제 체제에서 이러한 양극화는 불가피한 측면이 있다. 국민소득이 늘어날수록 오히려 빈부 격차는 더 벌어지는 경향이 있기 때문이다. 결국 이는 우리 사회가 풀어야 할 가장 큰 숙제 중 하나로 남게 될 것이다.

일본 부동산 미스터리:
빈집 17%에도 도쿄 집값 폭등하는 이유

일본의 주택 시장은 현재 매우 흥미로운 양상을 보이고 있다. 전국적으로는 주택 과잉 공급으로 인한 빈집 문제가 심각한 반면, 도쿄를 중심으로 한 수도권 지역의 부동산 가격은 지속적으로 상승하고 있는 역설적인 상황이 전개되고 있다.

일본의 주택보급률은 세계 최고 수준인 117%로, OECD 국가들의 평균 주택보급률 108%를 크게 상회하고 있다. 이는 일본이 심각한 주택 과잉 공급 상태에 있음을 의미한다. 1990년 버블 경제 붕괴 이후에도 일본은 매년 120만호 수준의 주택 공급을 유지해왔으며, 최근에도 약 100만호를 공급하고 있다. 이러한 지속적인 공급으로 인해 현재 일본의 빈집 비율은 17%에 달하고 있다.

그러나 이러한 전국적인 주택 과잉 공급 상황에도 불구하고, 도쿄를 중심으로 한 수도권 지역의 부동산 시장은 전혀 다른 양상을 보이고 있다. 도쿄의 경우, 건축비용 증가와 공급 부족으로 인해 아파트 가격이 3년 연속 사상 최고치를 기록하고 있다. 특히 도쿄 23구의 신축 맨션 판매 가격은 2024년 처음으로 1억엔을 넘어섰다.

이러한 도쿄 부동산 시장의 특이한 현상은 여러 가지 요인에 의해 발생하고 있다. 첫째, 도쿄로의 인구 집중 현상이 지속되고 있다. 2022년 도쿄 23구의 인구는 972만 명으로, 2000년 이후 165만 명이 증가했다. 특히 15~29세의 젊은 세대가 도쿄로의 인구 집중을 주도하고 있으며, 이는 취업과 교육의 기회가 도쿄에 집중되어 있기 때문이다.

둘째, 여성의 도쿄 유입이 두드러지고 있다. 2009년 이후 15년 연속으로 여성 유입 인구가 남성을 초과하고 있으며, 이는 여성의 대학 진학률 증가와 도쿄의 서비스 부문 일자리 증가에 기인한다.

셋째, 외국인 투자자들의 유입이 도쿄 부동산 시장을 자극하고 있다. 엔화 약세와 중국 부동산 시장의 약화, 그리고 일본의 낮은 금리 정책이 외국인 투자자들을 도쿄 부동산 시장으로 유인하고 있다.

넷째, 도쿄 도심에서 부유층을 타깃으로 한 고급 아파트 공급이 증가하고 있다. 2023년 4월 완공된 도쿄 신주쿠 소재의 초고층 아파트는 이러한 트렌드를 잘 보여주고 있다.

다섯째, 도쿄 도심의 매물 수 감소도 가격 상승의 주요 원인으로 작용하고 있다. 도쿄칸테이의 조사에 따르면, 2024년 7월 도심 6개구의 매물은 2989채로 전달보다 138채 감소했다.

이러한 요인들이 복합적으로 작용하여 도쿄의 부동산 가격은 지속적으로 상승하고 있다. 2024년 도쿄 도심 신축아파트의 평균가격은 1년새 40% 상승하여 9억엔을 넘어섰다[3]. 또한, 분양 첫 달 계약률도 도쿄 23개구에서 71%를 기록하며 높은 수요를 보여주고 있다.

이러한 도쿄의 부동산 시장 동향은 한국의 부동산 시장에도 시사하는 바가 크다. 한국 역시 수도권으로의 인구 집중이 지속되고 있으며, 이로 인해 서울을 중심으로 한 수도권 부동산 가격이 지방과의 격차를 벌리고 있다. 따라서 일본의 사례를 통해 한국의 부동산 시장 미래를 예측해볼 수 있다.

결론적으로, 일본의 주택 시장은 전국적인 과잉 공급 상황 속에서도 도쿄를 중심으로 한 수도권 지역의 부동산 가격이 지속적으로 상승하는 특이한 양상을 보이고 있다. 이는 인구 집중, 외국인 투자, 고급 주택 수요 증가 등 다양한 요인이 복합적으로 작용한 결과이다. 이러한 일본의 사례는 한국을 비롯한 다른 국가들의 부동산 정책 수립에 있어 중요한 참고 사례이다.

타이페이에서 런던까지: 세계 주요 도시 집값의 진실

세계 주요 도시들의 높은 PIR은 각 도시가 가진 독특한 경제적, 지리적 특성을 반영하고 있다. 가장 높은 PIR을 기록한 타이페이(31배)의 경우, 좁은 국토면적과 높은 인구밀도라는 태생적 한계를 가지고 있다. 여기에 TSMC로 대표되는 반도체 산업의 중심지로서 고소득 일자리가 집중되어 있고, 중국 자본의 지속적인 유입이 더해지면서 부동산 가격이 천정부지로 치솟았다.

방콕(27배)과 호치민(25배)은 동남아시아의 새로운 경제 중심지로 부상하면서 높은 PIR을 기록하고 있다. 특히 방콕은 중국인들의 투자 수요가 급증하고 있으며, 최근에는 미얀마 부자들의 자금 유입까지 더해지면서 부동산 시장이 과열 양상을 보이고 있다. 호치민 역시 글로벌 기업들의 생산기지 이전과 급속한 경제성장으로 부동산 가격이 가파르게 상승하고 있다.

싱가포르(22배)는 제한된 토지자원이라는 근본적인 한계를 안고 있다. 글로벌 금융허브로서의 위상과 다국적 기업 본사의 집중, 그리고 끊임없이 유입되는 외국인 노동자와 투자자들로 인해 부동산 수요가 지속적으로 증가하고 있다.

유럽의 대표 도시인 파리(22배)와 런던(21배)은 또 다른 특성을 보여준다. 두 도시 모두 역사적 건축물 보존 정책으로 인해 신규 주택 공급이 제한적이다. 파리는 EU의 중심도시로서, 런던은 글로벌 금융 중심지로서 고소득 전문직 종사자들이 선호하는 도시다. 특히 런던은 외국인 투자자들의 '안전자산' 선호 현상으로 인해 부동산 가격이 지속적으로 상승하고 있다.

이처럼 세계 주요 도시들의 높은 PIR은 각 도시가 가진 고유한 특성과 경제적 위상, 그리고 글로벌 자본의 흐름이 복합적으로 작용한 결과라고 할 수 있다. 이는 단순히 부동산 가격이 비싸다는 것을 넘어, 글로벌 도시로서의 경쟁력과 매력도를 반영하는 지표로도 볼 수 있다.

PART 3

부동산 부자의 비밀 코드

GTX에서 갭투자까지, 당신의 첫 집부터 10억 자산까지

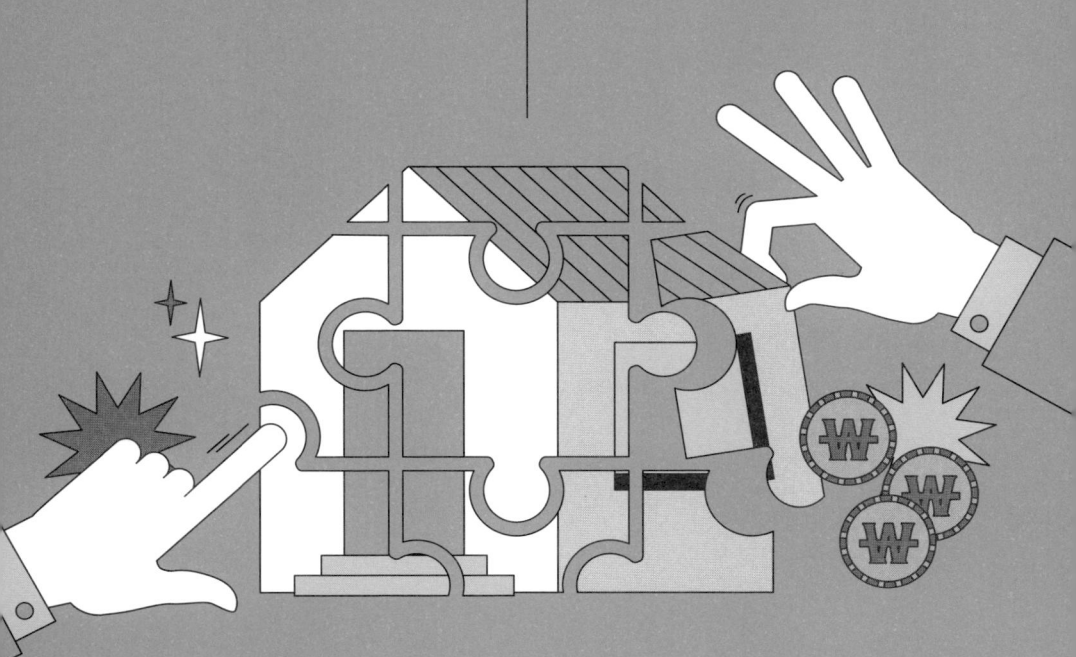

내 집 마련의 경제학:
장기보유가 만드는 부의 마법

미국과 한국의 30년 주택시장 데이터로 보는 자산증식의 진실

부동산 투자의 핵심은 장기보유에 있다. 우리나라 역시 당연히 주택 장기보유가 돈이 된다는 사실을 알고 있지만, 미국의 사례를 보자. 미국 전미부동산협회(NAR)의 2020년 연구에 따르면, 30년 전 주택을 구입한 가구는 평균 28만 3천 달러(약 3억 3천만 원)의 자본이득을 얻었다. 이는 5년 보유(8만 2천 달러), 10년 보유(14만 4천 달러), 15년 보유(13만 달러)와 비교할 때 압도적인 차이를 보여준다.

주택은 독특한 자산증식 메커니즘을 가지고 있다. 예를 들어 3억 원 주택을 2억 원 대출받아 구입했다고 가정해보자. 매월 대출금을 상환하면서 동시에 주택 가격도 상승하는 이중효과가 발생한다. 다시 말해서 주택담보대출의 상환액이 늘어날수록 순자산가치가 증가하며 대출 상환과 주택가격 상승이 동시에 일어나면서 순자산가치는 더욱 증가한다.

만약 5년 동안 5천만 원의 대출을 상환하고, 같은 기간 주택 가격이 4억 원으로 올랐다면, 순자산 가치는 다음과 같이 증가한다. 그러나 주택가격 하락 시 순자산 가치가 하락하지만 상환해야 할 대출금액은 그대로 유지된다는 점에서 위험요인은 있는 있다.

- 대출 상환으로 인한 증가: 5천만 원
- 주택 가격 상승으로 인한 증가: 1억 원
- 총 순자산 증가: 1억 5천만 원

이처럼 주택은 '대출 상환'과 '가격 상승'이라는 두 가지 경로를 통해 동시에 자산을 늘려주는 특별한 투자 수단이다. 이는 미국 전미부동산협회(NAR)가 제시하는 다음 공식으로 설명된다:

[주택의 순자산가치 = 주택담보대출의 상환액 + 주택가격상승액]

이러한 독특한 메커니즘이 바로 주택이 가장 안정적인 자산증식 수단으로 인정받는 이유이다.

이러한 메커니즘의 효과는 미국 연방준비은행의 '소비자금융조사

(Survey of Consumer Finance Data, 2019)'에서도 확인된다. 미국 가정의 총자산 중 주택이 차지하는 비중이 90%에 달한다는 사실은 주택이 가장 안정적인 자산증식 수단임을 입증한다.

한국의 사례도 이를 뒷받침한다. 한국부동산원의 데이터를 보면, 2003년 12월부터 2021년 6월까지의 주택 매매가격지수는 꾸준한 상승세를 보여왔다. 일시적인 하락이 있었지만, 장기적으로는 항상 더 높은 수준으로 회복되었다.

주목할 만한 점은 주택이 자동차와 같은 일반 동산과 달리 시간이 지날수록 가치가 증가한다는 것이다. 미국의 경우 2020년 9월 기준 중위주택가격은 31만 1,800달러로, 2006년 7월의 최고점(23만 달러) 대비 35% 상승했다.

우리나라의 경우도 이러한 장기 상승세가 뚜렷하게 나타난다. 한국부동산원의 통계에 따르면, 2003년 12월부터 2021년 6월까지의 주택 매매가격지수는 지속적인 상승세를 보였다. 특히 2020~2021년 중 전국 주택매매가격과 아파트매매가격은 각각 24.6%, 31.8% 상승했는데, 이는 직전 10년 상승률(2009~2019년 중 각각 23.6%, 27.9%)을 상회하는 수준이다. 2021년의 경우 전국 주택매매가격 상승률은 9.9%를 기록했으며, 특히 수도권은 12.8%로 최근 10년간 가장 높은 상승률을 보였다.

이는 글로벌 금융위기나 코로나19와 같은 큰 충격에도 불구하고 주택 가치가 장기적으로 상승한다는 것을 보여준다.

따라서 주택 투자는 시장의 단기적 등락에 일희일비할 필요가 없다. 오히려 중요한 것은 '진입 시기'이다. 재테크의 성공은 매수가보다 매도가가 높아야 가능한데, 이를 위해서는 우선 '보유'하고 있어야 한다. 아무리 시장이 상승하더라도 매도할 자산이 없다면 수익을 실현할 수 없다.

특히 현재와 같은 저금리 시대에는 주택담보대출을 활용한 레버리지 효과도 기대할 수 있다. 물론 이는 적절한 수준의 부채 관리가 전제되어야 한다.

결론적으로, 주택 투자는 장기적 관점에서 접근해야 한다. 단기적인 시장 변동에 일희일비하기보다는, 자신의 재정 상황에 맞는 적절한 진입 시점을 찾아 결단을 내리는 것이 중요하다. 특히 무주택자라면 더욱 그러하다. 시장의 상승기를 기다리다 보면 진입 자체가 어려워질 수 있기 때문이다.

무주택 탈출:
당신만을 위한 맞춤형 내집마련 비법

물가상승의 함정: 무주택자의 황금 기회

무주택자의 내집마련은 단순한 주거공간 확보를 넘어선 인생의 중대한 결정이다. 이는 단순히 집을 소유하는 것이 아니라, 미래를 위한 투자이자 재테크의 시작점이다. 많은 이들이 내집마련을 꿈꾸지만, 현실적인 어려움에 부딪혀 망설이곤 한다. 하지만 이는 잘못된 접근법이다. 무주택자라면 지금 당장 주택마련에 나서야 한다. 이유는 명확하다. 바로 물가상승 때문이다.

"모든 백만장자의 90%는 부동산 소유를 통해 부자가 된다. 부동산에서 벌어들인 돈은 모든 산업 투자에서 얻은 돈을 합친 것보다 더 많다.

오늘날의 현명한 젊은이 또는 근로자는 자신의 돈을 부동산에 투자한다." (앤드류 카네기)

빨리 부자가 되고 싶다면 소득은 늘리고, 지출은 줄여서 저축을 해야 한다. 저축은 투자금을 늘리는 가장 확실하고 안전한 방법이기에, 저축을 우선순위에 두고, 저축하고 남은 돈을 지출해야 한다. 이는 내집마련을 위한 첫 걸음이다. 하지만 단순히 저축만으로는 부족하다. 물가상승률을 뛰어넘는 투자전략이 필요한 것이다.

물가상승은 우리의 구매력을 지속적으로 떨어뜨리는 요인이다. 오늘 1억 원으로 살 수 있는 집이 내일은 1억 1천만 원이 될 수 있다. 하루라도 지체하면 더 비싼 가격에 주택을 살 수밖에 없는 것이다. 따라서 무주택자는 지체하지 말고 당장 내집마련에 나서야 한다.

재개발 투자: 내 집 마련의 현명한 전략

그렇다면 어떤 방식으로 내집마련을 해야 할까? 많은 이들이 청약통장을 통한 아파트 분양을 떠올리지만, 이는 재고해볼 필요가 있다. 청약통장을 사용해 아파트를 분양받는 것은 좋은 선택이 아니다. 분양가는 이미 개발이 완료된 아파트에 책정된 가격이기 때문이다. 시행사가 이미 마진을 전부 취한 상태이며, 수분양자가 얻을 수 있는 이득은 분양받고 난 후 분양가보다 시세가 오를 것이라는 기대뿐이다.

대신 재개발 지역의 낡은 빌라 등에 투자하는 것이 좋다. 이는 단기적으로는 불편할 수 있지만, 장기적으로 볼 때 큰 이익을 가져다줄 수 있는 전략이다. 재개발 투자란 재개발지역 내 조합원 아파트를 분양 받을 수 있는 권리를 투자자가 온전히 승계 받는 것이어서 거래상 하자나 법적 이상이 없다. 게다가 새 정부 들어 도심 노후주택에 대해 재개발·뉴타운 활성화 정책을 추진하면서 재개발 투자는 한껏 탄력을 받게 됐다. 재개발 지분 투자의 장점은 자기가 원하는 주거환경과 입지여건이 우수한 아파트를 미리 고를 수 있는데다 잘만 하면 거액의 시세차익을 거둘 수 있는 장점이 있다.

"변두리 지역을 사서 기다려라. 성장하는 도시 근처의 땅을 사라! 사람들이 팔고 싶어 할 때 부동산을 사라. 그리고 당신이 산 것을 보유하라!" (존 제이콥 애스터, 뉴욕의 성공한 부동산 투자자)

불편함을 감수하라: 부자가 되는 지름길

따라서 사는 곳은 저렴하게 전월세 집으로 구해서 살더라도, 절대 새 아파트를 분양받아 대출을 끼고 높은 이자 부담을 지며 엉덩이에 수억 원씩 깔고 살아서는 안 된다. 이는 절대 부자가 되기 어려운 길이다. 살기 불편하더라도 저렴한 전월세 집에서 살고, 투자할 집은 재개발 지역의 낡은 주택을 사는 것이 현명한 선택이다.

물론 재개발 투자는 단기적인 수익을 거두기는 어렵다. 재개발은 어차피 최소 5년에서 10년 이상을 바라보고 투자하는 것이지만, 일단 성공하면 개발이익도 크게 챙길 수 있어서 유리하다.

절대 목돈을 끌어 모으고 대출을 받아 새 집을 사서 멋있게 살려고 하지 말아야 한다. 부자가 되려면 고생하더라도, 불편하더라도 낡은 집에 사는 것이 최고의 재테크이다. 이는 단순히 집값 상승을 기대하는 것이 아니라, 개발이익을 직접 누리는 전략이다.

자동차 구매에 있어서도 같은 원칙이 적용된다. 새 차를 사면 손해이다. 차를 사지 말거나, 정 사야 한다면 쓸 만한 중고차를 사는 것이 유리하다. 지출을 최대한 줄이는 것도 부동산 재테크의 한 수단이다. 이는 단순히 돈을 아끼는 것이 아니라, 더 큰 투자를 위한 자금을 마련하는 과정이다.

무주택자의 내집마련은 단순히 집을 사는 것이 아니라, 미래를 위한 투자이다. 당장의 편안함보다는 장기적인 이익을 위해 불편을 감수할 줄 아는 지혜가 필요하다. 낡은 집에 살면서 재개발 지역에 투자하는 것은 단기적으로는 힘들 수 있지만, 장기적으로는 큰 이익을 가져다줄 수 있는 전략이다.

부자가 되는 길은 결코 쉽지 않다. 하지만 올바른 전략과 인내심을 가지고 접근한다면, 누구나 재테크에 성공할 수 있다. 내집마련은 그 첫걸음이며, 이를 통해 더 나은 미래를 위한 기반을 다질 수 있다.

성공한 부자들의
레버리지 전략

현명한 부채가 만드는 부의 지렛대

많은 사람들이 '빚은 나쁜 것'이라는 고정관념에 사로잡혀 있다. 하지만 세계적인 부자들의 공통점은 '현명한 부채'를 적극적으로 활용한다는 것이다. 워렌 버핏은 "당신이 현명하다면, 기회가 왔을 때 활용할 수 있는 레버리지를 가지고 있어야 한다"라고 말했다.

실제 사례를 보자. 애플의 팀 쿡 CEO는 2021년 본인의 주식 매입을 위해 약 1,400만 달러의 대출을 받았다. 이는 연봉의 수십 배에 달하는 금액이었다. 그가 현금으로 주식을 매입하지 않은 이유는 무엇일까? 바로 레버리지 효과를 통한 수익 극대화 때문이다.

또 다른 예로, 도널드 트럼프는 1975년 코모도어 호텔을 인수할 때 자기자본 없이 순수하게 대출만으로 거래를 성사시켰다. 당시 뉴욕은 부동산 불황기였지만, 그는 이를 기회로 삼아 레버리지를 최대한 활용했고, 이후 호텔 가치가 상승하면서 막대한 수익을 얻었다.

'좋은 부채'와 '나쁜 부채'는 분명히 구분된다. 소비성 부채는 나쁜 부채지만, 수익을 창출하는 투자를 위한 부채는 좋은 부채이다. 예를 들어, 연 4%의 이자로 대출을 받아 연 8%의 수익을 내는 부동산에 투자한다면, 이는 분명히 현명한 선택이다.

실제 사례를 더 살펴보자. 뉴욕의 부동산 투자자 A씨는 2010년 맨해튼의 오피스 빌딩을 매입할 때, 자기자본 30%와 대출 70%를 활용했다. 10년 후 해당 빌딩의 가치는 3배 상승했고, 임대수익으로 대출금을 상환하고도 매년 8%의 추가 수익을 얻었다. 만약 그가 대출 없이 자기자본으로만 투자했다면, 더 작은 규모의 부동산만 매입할 수 있었을 것이고, 수익도 그만큼 제한적이었을 것이다.

특히 인플레이션 시기에는 부채를 활용한 실물자산 투자가 더욱 유리하다. 물가가 상승하면 부동산 가치와 임대료는 상승하지만, 기존 대출금액은 고정되어 있어 실질적인 부채 부담은 오히려 감소하기 때문이다.

삼성전자의 이건희 회장도 "위기는 기회다"라며 1997년 외환위기 당시 과감한 차입경영을 통해 공격적인 투자를 단행했다. 이는 현재 삼성이 글로벌 기업으로 성장하는 발판이 되었다.

결론적으로, 부채는 두려워할 대상이 아니라 현명하게 활용해야 할 도구이다. 물론 무분별한 대출은 위험하지만, 적절한 레버리지는 부의 축적을 가속화하는 강력한 수단이 된다. 성공한 부자들의 공통점은 '부채를 두려워하지 않고, 현명하게 활용한다'는 것이다. 부채에 대한 부정적인 인식을 버리고, 이를 자산 증식의 도구로 활용하는 안목이 필요한 시점이다.

레버리지의 마법:
3억으로 10억 자산을 만드는
부동산 투자의 비밀

현명한 부채 활용이 만드는 부자의 공식

부동산 투자에서 레버리지(지렛대) 효과는 적은 자본으로 큰 수익을 얻을 수 있는 핵심 전략이다. 특히 주택담보대출을 활용한 레버리지는 일반적인 투자 수익률을 몇 배로 증폭시킬 수 있는 강력한 도구이다.

레버리지의 기본 원리는 간단하다. 예를 들어 10억 원 아파트를 매입할 때, 자기자본 3억 원과 주택담보대출 7억 원을 활용한다고 가정해보자. 1년 후 아파트 가격이 11억 원으로 10% 상승했다면, 순수익은 1억 원이다. 이때 투자수익률은 자기자본 3억 원 대비 33.3%가 된다. 반면 전액 자기자본으로 투자했다면 수익률은 10%에 그쳤을 것이다.

레버리지의 진정한 가치는 다음과 같이 복합적인 효과에서 나타난다.

첫째, 임대수입으로 대출이자를 상쇄할 수 있다. 현재 전세가율이 60~70% 수준임을 감안하면, 전세보증금으로 대출금의 상당 부분을 충당할 수 있다. 참고로 레버리지 효과가 발행하기 위해서는 반드시 투자수익률(임대수익률)이 대출이자율 보다 높아야 하며 만약 대출이자율이 임대수익률보다 높게 되면 반대로 '역레버리지 효과'가 발생하게 됨에 유의해야 한다.

둘째, 매월 대출 원금 상환을 통해 자산이 늘어난다.

셋째, 시간이 지날수록 인플레이션으로 인해 실질적인 대출 부담은 감소한다.

실제 사례를 보면 레버리지의 효과는 더욱 분명해진다. 2019년 서울 마포구의 한 투자자는 6억 원 아파트를 매입할 때 자기자본 1.8억 원과 대출 4.2억 원을 활용했다. 2023년 현재 해당 아파트는 9억 원으로 상승했고, 4년간 월세 수입으로 대출이자를 충당하고도 5천만 원의 추가 수익을 얻었다. 자기자본 대비 수익률은 무려 194%에 달한다.

그러나 레버리지는 양날의 검이다. 부동산 가격이 하락할 경우 손실도 증폭되기 때문이다. 예를 들어 10억 원 아파트가 9억 원으로 하락하면, 자기자본 3억 원 기준으로 -33.3%의 손실이 발생한다. 따라서 레버리지를 활용할 때는 다음과 같은 원칙을 지켜야 한다.

첫째, 적정 수준의 레버리지 비율을 유지해야 한다. LTV 70%를 넘지 않는 것이 안전하다.

둘째, 안정적인 현금흐름을 확보해야 한다. 임대수입으로 이자비용을 충당할 수 있어야 한다.

셋째, 금리 변동에 대한 대비가 필요하다. 변동금리 대출의 경우 금리 상승 리스크를 고려해야 한다.

레버리지의 또 다른 장점은 세제 혜택이다. 주택담보대출 이자는 소득공제가 가능하며, 임대사업자 등록 시 추가적인 세제 혜택도 받을 수 있다. 특히 2023년부터는 주택임대사업자에 대한 종합부동산세 감면 혜택이 확대되어, 레버리지를 활용한 투자의 매력도가 더욱 높아졌다.

성공적인 레버리지 투자를 위해서는 입지 선정이 중요하다. 역세권, 학군, 생활인프라 등을 고려해 임대수요가 풍부한 지역을 선택해야 한다. 또한 시세 대비 적정한 매입가격을 찾아야 하며, 향후 개발 호재나 교통 개선 계획이 있는 지역을 선호하는 것이 좋다.

레버리지 투자의 성공 사례는 해외에서도 찾아볼 수 있다. 미국의 부동산 투자자 그랜트 카돈은 레버리지를 활용해 10년 만에 40억 달러의 부동산 포트폴리오를 구축했다. 그의 전략은 임대수익이 높은 다가구 주택을 저렴하게 매입하고, 은행 대출을 활용해 지속적으로 포트폴리오를 확장하는 것이었다.

결론적으로, 레버리지는 부동산 투자의 수익률을 극대화할 수 있는 강력한 도구이다. 다만, 과도한 레버리지는 위험할 수 있으므로, 자신의 재무상황과 시장 상황을 고려한 적절한 수준의 활용이 필요하다. 또한 레버리지는 단기 투기가 아닌 장기 투자의 관점에서 접근해야 한다. 안정적인 현금흐름 확보와 함께 시장 사이클을 고려한 신중한 투자가 성공의 열쇠이다.

갭투자의 재발견: 소액으로 시작하는 부동산 투자의 지혜

갭투자는 부동산 투자 전략 중 하나로, 많은 이들에게 논란의 대상이 되어왔다. 그러나 이는 오해에서 비롯된 경우가 많다. 부동산 투자를 고려하고 있지만 자금력이 충분하지 않은 투자자들에게 갭투자는 하나의 유용한 큰 기회가 될 수 있는 전략이다. 갭투자는 단순히 '빚내서 하는 투자'가 아니다. 이는 적은 자본으로 큰 자산을 운용하는 전략적 접근법이다. 물론 모든 투자에는 리스크가 따르지만, 갭투자는 소액 투자자들에게 부동산 시장 진입의 문턱을 낮추고 높은 수익률을 추구할 수 있는 기회를 제공한다.

[갭투자 비밀노트]

갭 투자전략은 분양가가 높은 비싼 지역에서는 먹히지 않는다. 서울을 벗어난 외곽으로 갈수록 분양가는 저렴해서 투자금이 적어들어 활용가능한 투자전략이다. 만약 입주시에 부동산 시장이 침체되서 마피가 나오더라도 걱정하지 않아도 된다. 일반적으로 감정가는 분양가 이상으로 나오기 때문에 감정가 기준으로 대출이 가능하다. 이후 시간이 좀 지나면 일반적으로 분양가 수준을 넘어서게 되는 것이 보통이다. 향후 대출금리는 조금씩 내려가고 반면 전월세 임대료는 오를 것으로 예상하면 수익률은 더 높아지게 된다. 또한 추후 상급지로 갈아 탈 때도 2년 이상만 보유하면 1세대 1주택 양도세 비과세 혜택을 받을 수 있는 것도 덤이다.

갭투자의 핵심은 '레버리지 효과'를 최대한 활용하는 것이다. 이는 적은 자본으로 큰 자산을 운용할 수 있게 해주는 전략이다. 예를 들어, 2억 원짜리 부동산을 구입할 때 1억 원의 전세금을 활용하면, 실제 투자금은 1억 원에 불과하지만 2억 원의 자산을 운용하는 효과를 얻을 수 있다. 다주택자가 아닌 무주택자라면 대출을 활용한 갭투자도 적극 고려해 볼 수 있다. 분양을 받았을 때 감정가의 70%정도를 대출로 중도금을 치르고 나머지 내 돈 1억 정도로 잔금치를 수 있는 수도권 및 지방의 아파트들을 찾을 수 있다. 참고로 은행 대출의 경우에는 전세임대 대신 월세임대를 줘야한다. 월세를 받아서 이자로 납부해도 돈이 남는다. 그러다가 3~4년 지나 전세가가 높아졌을 때 전세로 돌리면서 대출을 상환하면 갭은 더 크게 줄이는 전략도 적극 고려해 볼 만 하다.

실제 전세금으로 갭투한 사례를 보자. 5년 전 광진구 구의동의 주거용 오피스텔에 갭투자를 한 경우, 2억 3천만 원의 분양가에 2억 원의 전세금을 활용했다. 실투자금 3천만 원으로 시작한 이 투자는 현재 3억 5천만 원에서 4억 원 사이의 시세를 형성하고 있다. 이는 5년 만에 실투자금(3천만 원) 대비 최소 300% 이상의 수익률을 달성한 것이다.

갭투자의 장점을 크게 4가지로 요약해 본다.

1. 소액으로 시작 가능. 적은 자본으로도 고가의 부동산에 투자할 수 있다.
2. 높은 투자 수익률. 레버리지 효과로 인해 수익률이 크게 증가할 수 있다.
3. 임대 수익이 가능. 전세금 인상액만큼의 월세 수익을 얻을 수 있다.
4. 자산 가치 상승. 부동산 가격 상승 시 큰 시세차익을 얻을 수 있다.

물론 갭투자에도 리스크는 존재한다. 부동산 가격 하락, 전세금 반환 문제, 공실 발생 등의 위험이 있다. 그러나 이러한 리스크는 철저한 시장 분석과 신중한 물건 선택으로 상당 부분 관리할 수 있다.

갭투자 성공의
10가지 핵심전략

갭투자의 위험을 줄이는 10가지 방법은 오랫동안 필자가 직접 경험하며 부동산 비밀노트에 정리해 놓은 팁을 모아둔 것이다.

갭(gap) 투자란?

갭 투자는 부동산 시장에서 소액 투자자들의 강력한 무기이다. 이는 주택의 매매가격과 전세금 간의 차이를 활용하여, 적은 자본으로도 고가의 부동산을 소유할 수 있게 해주는 투자 전략이다. 한마디로 세입자로부터 받게되는 전세금을 활용해서 실투자금을 적게 들이고 부동산에 투자하는 방식이다.

금융기관 대출을 활용하지 않으므로 정부의 대출규제에서 자유롭고, 이자부담도 없다는 장점이 있다. 이는 투자자에게 더 큰 유연성과 안정성을 제공한다.

예를 들어 매매가격이 4억 원인 주택이나 오피스텔의 전세금 시세가 3억 원이라면 전세를 끼고 내돈 1억 원으로 사는 방식이다. 2년의 전세 기간 동안 부동산 가치가 상승하면, 투자자는 시세차익을 얻거나 전세금을 인상하여 추가 수익을 창출할 수 있다.

1. 입지 선정이 중요하다. 임대 수요가 많은 전철역 도보 5분이내 역세권이나 도심 지역의 매물을 선택하는 것이 안전하다. 이는 새로운 임차인 구하기가 수월하기 때문이다.

2. 시장 동향 분석이 필수적이다. 부동산 시장의 흐름, 금리 변동, 지역 개발 계획 등을 포괄적으로 분석하여 투자 시기와 대상을 결정해야 한다.

3. 전세가율을 주의 깊게 살펴봐야 한다. 높은 전세가율은 초기 투자금이 적게 들어가지만, 전세금 반환의 리스크도 함께 증가한다. 특히, 적정한 전세가가 형성되지 않은 신축분양 매물인 경우 매우 주의해야한다.

4. 충분한 예비 자금을 확보해야 한다. 부동산 가격 하락이나 공실 상황에 대비하여 예비 자금을 마련해 두는 것이 중요하다. 재계약시 전세금액이 떨어졌을 때 예비자금으로 메꿔야 할 수도 있기 때문이다.

5. 신용도 높은 임차인을 선정해야 한다. 임차인의 신용도를 철저히 검토하여 전세 보증금 반환 위험을 줄일 수 있다.

6. 포트폴리오를 다양화해야 한다. 여러 부동산에 투자하는 경우에는 한 지역이나 한 종류의 부동산에만 투자하는 대신, 다양한 지역과 다양한 유형의 부동산에 투자하여 리스크를 분산해야 한다.

7. 전문가의 조언을 활용하는 것이 좋다. 투자 실행 전에 반드시 주변의 부동산 투자 전문가나 금융 전문가와 상담해 의견을 청취한다.

8. 법적 조언을 구해야 한다. 계약서상 의심되는 부분이 있다면 부동산 전문 변호사의 조언을 구하여 계약서 작성부터 법적 분쟁에 이르기까지 각종 위험으로부터 사전 보호를 받는다.

9. 장기적인 관점에서 투자해야 한다. 단기적인 시세 차익을 노리는 것보다는 최소 5년~7년 이상 장기적인 관점에서 투자해야 한다. 시장 변동에 흔들리지 않고 꾸준히 투자를 유지하는 것이 중요하다. 일부 투자자들은 단기간에 부동산이 오르지 않아 실망하고 그냥 손해보고 양도하는 경우가 흔하게 발생한다.

10. 꾸준한 자산 관리가 필요하다. 투자한 부동산을 꾸준히 관리하고, 필요에 따라 리모델링, 재임대 등을 통해 자산 가치를 높여야 한다.

이러한 전략들을 통해 갭투자의 위험을 최소화하고 안정적인 수익을 창출할 수 있다. 다만, 모든 투자에는 리스크가 따르므로, 개인의 재무 상황과 투자 목표를 고려하여 신중하게 접근해야 한다.

갭투자의 황금기: 공급자 우위 시장의 전략적 활용

갭투자는 한국 부동산 시장의 독특한 특성을 활용한 혁신적인 투자 전략이다. 이는 전세 제도가 발달한 우리나라에서만 가능한 특별한 투자 방식으로, 현재의 시장 상황은 갭투자자들에게 전례 없는 기회를 제공하고 있다.

최근의 시장 동향을 살펴보면, 저금리 기조와 임대차3법의 시행으로 인해 전세 시장이 더욱 강력한 공급자 우위 시장으로 변모하고 있다. 이는 갭투자자들에게 유리한 환경을 조성하고 있다. 전세 수요는 여전히 높지만, 공급은 제한적이어서 전세 가격의 상승을 견인하고 있다.

세입자 입장에서는 여전히 전세가 월세보다 경제적이다. 전세금 대출 이자가 월세보다 낮기 때문이다. 그러나 임대인 입장에서는 월세가 더 유리하여 전세 공급이 줄어들고 있다. 이러한 수요와 공급의 불균형은 전세 시장을 더욱 공급자 우위로 만들고 있다.

2021년부터 본격화된 전세 주택 공급 부족과 전세가 상승은 갭투자자들에게 황금 기회를 제공하고 있다. 전세금이 높아질수록 실제 투자 금액은 줄어들어, 적은 자본으로도 고가의 부동산을 취득할 수 있는 기회가 늘어나고 있다. 이렇게 공급자 우위의 전세 시장은 갭투자자들에게 유리한 환경을 제공하고 있으며, 이를 전략적으로 활용한다면 높은 투자 수익을 기대할 수 있다. 다만, 시장 상황은 언제든 변할 수 있으므로, 지속적인 시장 모니터링과 신중한 접근이 필요하다.

전세의 마법: 1억으로 5억 벌기, 부동산 투자의 숨은 비밀

부동산 투자에서 임대 방식의 선택은 수익률에 큰 영향을 미친다. 많은 투자자들이 월세 수입을 선호하지만, 실제로는 전세임대가 더 높은 수익률을 제공해 준다. 이를 자세히 살펴보고, 왜 전세임대가 더 유리한지 분석해보자.

1. 레버리지 효과의 극대화
전세임대의 가장 큰 장점은 레버리지 효과를 극대화할 수 있다는 점이다. 예를 들어, 5억 원짜리 아파트를 구입할 때 4억 원의 전세금을 활용한다면, 실제 투자금은 1억 원에 불과하지만 5억 원의 자산을 운용하는 효과를 얻을 수 있다.

실제 사례 서울 강남구의 한 투자자 A씨는 2018년에 6억 원짜리 아파트를 구입했다. 5억 원의 전세금을 활용하고 1억 원만 자기자본을 투자했다. 3년 후 해당 아파트 가격은 8억 원으로 상승했고, A씨는 2억 원의 시세차익을 얻었다. 실투자금 대비 수익률은 200%에 달한다.

2. 이자 비용 절감

전세임대는 세입자의 전세금으로 대부분의 매입 자금을 충당할 수 있어 은행 대출과 그에 따른 이자 비용을 크게 줄일 수 있다. 이는 순수익을 높이는 중요한 요인이 된다.

예시 계산 5억 원 아파트를 월세로 운영할 경우, 3억 원을 대출받아 연 3%의 이자를 지불한다면 연간 900만 원의 이자 비용이 발생한다. 반면 전세로 운영하면 이 비용을 절감할 수 있다.

3. 세금 혜택

전세보증금에 대해서는 일정 요건 하에 소득세 비과세 혜택이 있다. 반면, 월세 수입은 소득세 신고 대상이 되어 세금 부담이 증가한다.

실제 사례 서울 마포구의 투자자 B씨는 4억 원짜리 오피스텔을 전세 3억 5천만 원에 임대했다. B씨는 전세보증금에 대해 소득세를 내지 않았다. 반면, 같은 건물의 C씨는 월세 150만 원에 임대하여 연간 1,800만 원의 임대소득이 발생했고, 이에 대해 소득세를 납부해야 했다.

4. 관리의 용이성

전세는 월세에 비해 관리가 간편하며, 임대료 미납 등의 리스크가 적다. 월세의 경우 매월 임대료 수납과 관리가 필요하지만, 전세는 계약 갱신 시에만 주로 관리가 필요하다.

5. 시장 상황 활용

현재 전세 시장이 공급자 우위인 상황에서 전세임대는 더욱 유리할 수 있다. 전세금 상승으로 인해 투자자의 실질적인 투자금액은 줄어들고, 이는 수익률 상승으로 이어진다.

실제 사례 경기도 분당의 D씨는 2019년에 5억 원에 구입한 아파트를 전세 4억 5천만 원에 임대했다. 2년 후 전세금은 4억 8천만 원으로 상승했고, 아파트 가격은 6억 원으로 올랐다. D씨의 실투자금은 2천만 원으로 줄어들었고, 1억 원의 시세차익을 얻어 수익률이 크게 상승했다.

그러나 모든 상황에서 전세임대가 유리한 것은 아니다. 월세가 필요한 경우나 단기 현금 흐름이 중요한 경우에는 월세임대를 선택할 수도 있다. 또한, 전세금 반환 리스크도 고려해야 한다.

예를 들어, 은퇴한 E씨는 생활비를 위해 보유 중인 아파트를 월세로 임대했다. 매월 200만 원의 안정적인 현금 흐름이 필요했기 때문이다.

결론적으로, 부동산 투자에서는 적절한 레버리지 활용이 중요하다.

전세임대는 이러한 레버리지 효과를 극대화할 수 있는 전략이며, 특히 소액 투자자에게 유리할 수 있다. 그러나 모든 투자에는 리스크가 따르므로, 시장 상황과 개인의 재무 계획을 고려한 신중한 접근이 필요하다.

GTX에서 재개발까지: 서울/수도권 주택투자 성공 비법

　서울과 수도권의 부동산 시장은 항상 투자자들에게 매력적인 기회를 제공하고 있다. 그러나 성공적인 투자를 위해서는 체계적이고 전략적인 접근이 필수적이다. 이를 위해 7가지 핵심 전략을 주목해야 한다.

　첫째, 입지 선정에 주력해야 한다. 서울과 수도권의 핵심 지역은 여전히 높은 수요와 제한적인 공급으로 인해 안정적인 가치 상승이 기대된다. 특히 강남구, 서초구, 송파구, 용산구와 같은 프리미엄 지역은 장기적으로 안정적인 자산으로 평가된다. 다만 이러한 지역은 높은 진입 장벽이 있으므로, 자본 여력에 맞춰 서울 외곽이나 저평가된 지역에 눈을 돌리는 것도 좋은 전략이다. 2024년 11월 발표된 디비리츠의 자료에 따르면, 2025년 서울 부동산 투자 유망 지역으로 강남구 삼성동(국제교류

복합지구), 영등포구 여의도(금융 중심지 강화), 용산구(국제업무지구 재개발) 등이 꼽히고 있다.

둘째, 교통 인프라 개선 지역을 주목한다. GTX 노선이 지나가는 지역이나 지하철 연장 등의 교통 인프라 확장이 예정된 지역에 선제적으로 투자하는 것이 유리하다. 이러한 지역은 향후 접근성 개선으로 인한 가치 상승을 기대할 수 있다. 예를 들어, 강북구 수유동은 GTX-C 노선의 수혜가 예상되며, 동대문구 청량리는 교통 허브로 부상할 것으로 전망된다.

셋째, 재개발/재건축 사업에 주목한다. 서울의 성수동 사례처럼, 재개발 사업이 진행되는 지역은 큰 가치 상승을 기대할 수 있다. 초기에 낮은 가격으로 투자하여 개발 이후 높은 수익을 얻을 수 있다. 용산구의 국제업무지구 재개발 사업은 이러한 투자 기회의 좋은 예시이다.

넷째, 소형 주택에 투자한다. 도심 내 직주근접성이 높은 소형 아파트나 오피스텔 투자도 고려해볼 만하다. 이러한 부동산은 안정적인 임대 수익을 기대할 수 있으며, 1-2인 가구 증가 추세에 맞춰 수요가 지속될 가능성이 높다. 뉴스핌의 2024년 9월 보도에 따르면, 2025년에는 전용 $60m^2$ 이하 소형 타입이 총 4만6768가구 입주할 예정이며, 이는 전체 입주 물량의 20.79%에 해당한다. 이는 2014년 이후 11년 만에 가장 적은 양으로, 소형 주택의 희소성이 높아질 것으로 예상된다.

다섯째, 장기적 관점으로 접근한다. 부동산 투자는 단기적인 수익보다는 장기적인 가치 상승을 목표로 하는 것이 중요하다. 지역 개발 계획, 인프라 확장 여부, 시장 상황 등을 꼼꼼히 검토한 후, 장기적인 관점에서 투자를 진행해야 한다. 골드만삭스의 전망에 따르면, 한국의 1인당 GDP는 2050년경 9만 달러 수준에 도달할 것으로 예상되며, 이는 부동산 가치의 장기적 상승 가능성을 시사한다.

여섯째, 시장 동향을 주시한다. 2025년부터 서울은 주택 공급 부족의 영향이 본격화될 것으로 예상된다. 부동산PF 시장 위축으로 인한 착공물량 감소가 준공 감소로 이어질 것이며, 이는 가격 상승 요인으로 작용할 수 있다.

일곱째, 정부 정책을 주시한다. 투자자들은 지역별 동향과 정부 정책 변화를 주의 깊게 모니터링하며, 장기적인 관점에서 부동산 투자 전략을 세워야 한다. 예를 들어, 재건축 규제 완화 정책은 30년 이상 된 아파트의 재건축 가능성을 높이고 있어, 이러한 지역에 대한 투자 기회를 노린다.

이러한 방법들을 종합적으로 고려하여 신중하게 접근한다면, 서울 수도권에서의 주택 투자 성공 가능성을 높일 수 있다. 앞으로도 계속 서울과 수도권의 부동산 시장은 여전히 기회와 도전이 공존하는 시장이 될 것이며, 이러한 전략적 접근을 통해 투자자들은 성공적인 결과를 얻을 수 있다.

GTX 투자 전략: 수도권 30분대 생활권의 새로운 기회

수도권 광역급행철도(GTX)는 부동산 시장의 판도를 바꾸고 있다. 서울 도심까지 30분대 접근이 가능해지면서 수도권 외곽 지역의 가치가 새롭게 조명되고 있다.

GTX-A 노선의 성공과 기대

GTX-A 노선은 2024년 3월 수서-동탄 구간 개통을 시작으로, 12월에는 파주 운정-서울역 구간이 개통되었다. 특히 파주 운정신도시는 서울역까지 20분대 접근이 가능해지면서 10만 가구의 생활권이 획기적으로 개선되었다. 향후 평택, 춘천, 아산, 동두천으로의 연장도 검토되고 있어 이들 지역의 투자 가치도 주목받고 있다. 동탄에서 수서까지 불과 15분이면 도착할 수 있으며, 파주 운정에서 서울역까지는 18분, 파주에서 삼성까지는 25분이면 충분하다.

GTX-B 노선의 새로운 가능성

GTX-B 노선은 인천 송 도 인천대입구역에서 출발해 서울 신도림여의도 용산서울역청량리 등을 지나 경기 남양주 마석역 까지 82.7km를 연결하는 노선이다. 총 14개 역으로 구성되며 2030년 개통을 목표로 하고 있다. 특히 서울 도심권(CBD)인 여의도, 서울역, 용산을 지나는 유일한 GTX 노선이라는 점에서 의미가 크다. 따라서 수도권 동부, 서부 거주자의 서울 핵심 업무지구 접근성이 가장 높은 노선으로 평가받고 있다. 최근에는 마석에서 가평과 춘천까지 55.7km 연장도 추진되고 있어, 송도에서 여의도까지 23분, 서울역까지는 28분이면 도착할 수 있다. 특히 남양주 마석역에서 청량리까지 현재 지하철 교통망으로는 45분 이상이 걸리지만 GTX-B노선이면 21분만에 도착하는 것은 획기적인 변화이다. 기존 대중교통으로 1시간 30분 이상 걸리던 거리가 20분대로 단축되는 것이다.

송도 국제도시의 경우 GTX-B 개통 시 서울역까지 30분 이내 도착이 가능해진다. 청량리역은 GTX-B와 GTX-C 노선이 교차하는 환승역이 될 예정이어서 더욱 주목받고 있다. 따라서 본 노선이 가동되면 거주

환경이 확실하게 개선되기 때문에 장기적으로 송도와 인천대입구역, 남양주의 집값에도 긍정적인 영향을 미칠 것으로 보인다. 부동산시장 침체시기에도 인천대입구역 초역세권 아파트 가격이 강세를 유지하고 있는 이유도 바로 이러한 교통입지때문이다. 참고로 2025년 기준, 송도SK 뷰센트럴 전용 84m^2의 매매가가 전년도에 비해 오르면서 8억 원 대로 높아졌다. 더군다나 별내 지역의 경우 2024년 8월에 개통된 지하철 8호선 별내역과 암사역을 잇는 별내선 효과도 기대된다. GTX-B노선 효과와 더불어 별내선 개통으로 주변 집값이 오르고 있는 중이다.

GTX-C 노선의 잠재력

2024년 1월 착공식을 가진 GTX-C 노선은 양주 덕정에서 수원까지 86.46km를 연결한다. 특히 의정부, 창동, 광운대, 청량리, 삼성, 양재 등 14개 정거장이 모두 기존 지하철과 환승이 가능한 것이 특징이다. 2028년 말 개통을 목표로 하고 있으며, 수도권 북부와 남부를 30분대로 연결하게 된다. 소요시간은 양주 덕정에서 강남 삼성역까지 25분, 수원에서 삼성역까지도 25분이면 도착할 수 있다. 덕정에서 수원까지 전 구간은 51분이 소요되는데, 이는 기존 대중교통 소요시간의 3분의 1 수준이다.

GTX-D 노선의 미래

GTX-D는 Y자 형태로 인천국제공항에서 강남을 거쳐 원주까지 연결되는 노선이다. 특히 인천 검단, 청라, 계양 등 신도시와 서울 강남, 삼성역을 연결하며, 대부분의 역이 환승역이라는 장점이 있다. GTX-D 노선은 아직 계획 단계지만, 검단·청라에서 삼성역까지 30분, 인천공항에서 삼성역까지 40분이 소요될 것으로 예상된다. 이는 수도권 서부지역의 교통지형을 완전히 바꿀 것으로 기대된다.

투자 전략

GTX 노선 투자에서 가장 중요한 것은 시기의 선택이다. 현재 GTX-A 노선의 경우 이미 상당 부분 가격에 반영되어 있으나, B와 C 노선은 아직 개발 초기 단계로 투자 기회가 남아있다.

특히 주목할 만한 지역은 다음과 같다.
- GTX-B 노선의 송도, 청량리, 마석 구간
- GTX-C 노선의 의정부, 광운대, 양재 구간
- GTX-D 노선의 검단, 청라 구간

다만 GTX 사업이 계획보다 지연되는 경우가 많아 투자 시 장기적인 관점이 필요하다. 실제로 GTX-B 노선은 자금 조달 문제로, GTX-C 노선은 사업성 문제로 어려움을 겪고 있다.

신규 광역BRT 노선 지역

서부BTX(올림픽대로 광역BRT)는 행주대로에서 당산역까지 연결되며, 완공 시 기존 93분에서 60분으로 통행시간이 단축될 예정이다. 이는 김포와 인천 검단 등 2기 신도시 주민들의 출퇴근 편의를 크게 개선할 것으로 기대된다.

동부BTX(강변북로 광역BRT)는 남양주 수석IC에서 강변역까지 8.6km 구간을 연결하며, 완공 시 기존 62분에서 32분으로 통행시간이 단축될 전망이다. 이는 3기 신도시인 왕숙·왕숙2 등 대규모 개발로 인한 강변북로 정체 문제를 해소하는데 도움이 될 것이다.

또한 검단-대곡 광역도로는 인천시 서구 대곡동에서 김포시 마산동을 연결하는 새로운 도로로, 인천 검단과 김포 간의 상호 접근성을 강화할 것으로 기대된다. 이러한 광역교통망 확충은 수도권 외곽지역의 서울 접근성을 크게 개선할 것으로 전망된다.

결론적으로, GTX는 수도권의 새로운 가치를 창출할 것이다. 하지만 성급한 투자보다는 개발 계획의 구체성, 사업의 진행 속도, 지역의 자체 발전 가능성을 종합적으로 고려한 신중한 접근이 필요하다.

GTX 역세권,
섣부른 투자는 금물

GTX의 불편한 진실: 수도권 교통혁신의 그림자

GTX는 수도권 교통혁신을 약속하며 출발했지만, 현실적인 난관에 직면해 있다. 4개 노선 건설에만 19조원 이상이 투입되는 막대한 재정 부담은 가장 큰 걸림돌이다. 특히 이미 개통된 GTX-A 노선의 경우, 예상 승객의 3분의 1 수준인 7,000~8,000명만이 이용하고 있어 수익성에 대한 우려가 커지고 있다.

현재 진행 중인 GTX-B와 C 노선은 더욱 심각한 상황이다. 고금리와 공사비 급등으로 자금조달에 어려움을 겪고 있으며, 특히 C노선은 전 구간이 민자사업(BTO)으로 진행되어 수익성 확보가 더욱 중요한 과제로 대두되고 있다.

운영 측면에서도 문제점이 드러나고 있다. 출퇴근 시간대 15~20분, 일반 시간대 20~25분에 달하는 긴 배차 간격은 이용자들의 불편을 가중시키고 있다. 더욱이 지하 40~50미터에 위치한 대심도 승강장까지의 접근성 문제와 연계 교통수단 부족은 실제 이용시간을 크게 늘리는 요인이 되고 있다.

GTX가 지역경제에 미칠 부정적 영향도 간과할 수 없다. KTX의 사례에서 보듯이, 빠른 교통망 구축이 오히려 지방 상권을 서울로 흡수하는 '빨대효과'를 초래할 수 있다. 지역의 문화시설과 상권이 서울로 빨려 들어가는 '지방경제의 블랙홀' 현상이 우려되는 이유다. 또한 GTX 역세권이라고 해서 주택가격이 모두 오를 것이란 보장이 없다. 예를 들어 평택지제역 역세권 단지의 경우 삼성전자 효과와 GTX연장을 추진하면서 A,C노선 더불 역세권이라는 이유로 주변 J아파트의 $84m^2$ 타입 가격이 한때 11억 원대까지 치솟았지만 2025년에는 9억 원까지 떨어졌다. 반도체 불황과 함께 2027년까지도 계속해서 새 아파트가 공급될 예정이기 때문이다. 수요가 따라붙지 않는 공급은 집값을 내리고 미분양을 발생시킨다. 부동산시장의 불변의 법칙 "공급을 이기는 시장은 없다"라는 문구를 잘 새겨 들어야 한다.

이러한 상황에서 GTX 노선 주변 지역에 대한 투자는 더욱 신중해야 한다. 특히 주변의 거주인구 규모와 아파트 공급물량, 유동인구 수준을 면밀히 분석하여 실제 수요를 정확히 파악하는 것이 중요하다. GTX가 약속하는 '30분 생활권'이라는 장밋빛 전망 이면에 숨겨진 현실적 과제들을 직시해야 할 시점이다. 서울의 교통망이 주변 지역으로 확장될수록, 오히려 서울 중심 도심의 부동산 가격이 더 크게 오를 가능성이 높다는 점은 역발상적인 투자를 해볼만 하다. 즉, 교통망 확장으로 인해 서울 외곽 지역에서도 서울로의 출퇴근이 쉬워지더라도, 오히려 서울 내 전철역 역세권 주거용 부동산의 가격이 외곽 지역의 역세권보다 더 크게 상승할 수 있다.

GTX 노선 개통과
부동산 투자 전략:
선진국 사례로 보는 미래가치

투자 유망지역 분석

　　GTX 노선 개통을 앞두고 투자 가치가 높은 지역들에 주목할 필요가 있다. 특히 교통 인프라 개선으로 서울 접근성이 획기적으로 향상되는 지역들의 부동산 가치 상승이 기대되는 상황이다. GTX 효과는 시간이 갈수록 발휘될 것으로 전망된다. 예를 들어 GTX A노선인 운정중앙역~서울역 구간의 배차 간격은 평균 8분으로, 수서~동탄(평균 17분) 구간보다 훨씬 빠르다. 2027년에 서울역~삼성역 구간 개통이 계획되어 있으며, 2028년 삼성역 복합환승센터 완공과 함께 완전 개통까지 마무리되면 파주 운정에서 삼성역까지 23분이면 도달할 수 있게 된다. 현재 '반쪽짜리'인 GTX-A노선이 단계별로 완성될 때마다 주변 지역 부동산 가치는 한층 올라갈 가능성이 높다주요 GTX 수혜 유망지역을 정리하면 다음과 같다.

화도읍 지역

남양주 화도읍은 GTX-B 노선과 수도권제2순환고속도로가 개통 및 계획되어 있어 향후 부동산 가치가 급등할 것으로 전망된다. 특히 GTX-B 노선이 개통되면 화도에서 서울역, 청량리 등을 20분대에 이동할 수 있어 서울 출퇴근이 가능해질 전망이다.

용인 구성역 인근

경기 용인 구성역 인근은 미래 가치가 가장 큰 폭으로 변화할 것으로 예상되는 지역이다. GTX-A노선 개통으로 수서역까지 이동 시간이 36분에서 15분으로 단축되어, 구성역 인근 지역은 용인의 핵심 주거지로 부상하고 있다.

성남 분당 지역

성남역 근처 단지는 노후계획도시특별법 통과 후 속도를 내는 1기 신도시 재건축 수혜 단지로 손꼽힌다. GTX-A노선 개통으로 대중교통 접근성이 크게 개선되며 재건축 사업성도 높아질 것으로 전망된다.

또한 수서~동탄 구간에 있는 동탄신도시는 SRT역이 입지하면서 미래 전망이 매우 밝다. 2024년 12월에 개통된 GTX-A 파주 운정중앙역~서울역까지 32.4km 구간은 기존 50분가량 걸리던 거리를 20분 만에 이동할 수 있게 되어 이 구간에 있는 킨텍스역, 대곡역, 연신내역 등도 풍부한 임대수요와 개발호재를 기대할 수 있다. 의정부역은 GTX-C노선 수혜지역으로 유망하고 부평역은 GTX-B노선 수혜지역으로 개통 시 트리플 역세권이 될 예정이다.

해외 사례로 보는 투자 전망

영국 런던의 크로스레일 효과

영국 런던의 크로스레일(Crossrail) 프로젝트는 GTX와 유사한 광역급행철도 시스템이다. 본드 스트리트와 토튼햄 코트 로드 주변 상업용 부동산의 임대료는 5년간 평균 73% 상승했으며, 주거용 부동산 가격도 크게 상승하는 효과를 보였다.

프랑스 파리의 그랑파리 익스프레스

파리의 그랑파리 익스프레스(Grand Paris Express) 프로젝트는 2030년까지 완공 예정으로, 라데팡스 지역의 오피스 임대료는 프로젝트 발표 이후 연평균 8% 이상 상승했다. 이는 광역교통망 확충이 부동산 가치에 미치는 긍정적 영향을 보여주는 좋은 사례이다.

GTX 투자, 타이밍이 핵심이다

GTX 투자에서 가장 중요한 것은 투자 시점의 선택이다. 일반적으로 GTX 개통 전에는 호재 기대감으로 인한 투자 수요가 급증하면서 부동산 가격이 크게 상승하는 반면, 실제 개통 이후에는 실거주 수요 중심으로 시장이 재편되면서 추가 상승 여력이 제한적일 수 있다.

다만 장기적 관점에서 보면 GTX 역세권은 여전히 매력적인 투자처다. 교통 인프라 개선으로 인한 접근성 향상은 해당 지역의 자산 가치를 지속적으로 끌어올리는 요인이 되기 때문이다. 따라서 단기 시세차익을 노리기보다는 장기 보유를 통한 가치 상승을 기대하는 것이 바람직한 투자 전략이 될 수 있다.

GTX 투자의 스마트한 선택법 – 복합 호재가 핵심이다

GTX 투자에서는 무엇보다 개발 계획의 확실성을 꼼꼼히 따져봐야 한다. GTX-D·E·F 노선은 아직 계획 단계에 있으며, 이미 확정된 B·C 노선조차 사업 지연이 예상되는 상황이다. 또한 GTX 역세권 개발사업 중에는 인허가 후에도 시공사를 구하지 못해 중단되는 사례가 있어 신중한 접근이 필요하다.

현명한 투자자라면 GTX 단일 호재가 아닌 복합 개발 호재가 있는 지역을 주목해야 한다. 대표적으로 서울역 북부역세권은 GTX 개통과 함께 대규모 국제문화복합단지 조성이 예정되어 있다. 2029년까지 39층 규모의 국제컨벤션, 호텔, 업무시설 등이 들어설 예정으로, 도심 마이스 산업의 중심지로 발돋움할 전망이다.

결론적으로 GTX 투자는 단순히 노선 개통만이 아닌, 지역의 개발계획, 실거주 수요, 장기 발전 가능성을 종합적으로 고려해야 성공할 수 있다.

PART 4

재개발의 황금열쇠

서울 부동산 투자의 숨은 보물지도

내집마련의 꿈을 이루는 새로운 길: 모아타운 재개발 투자

무주택자들에게 내집마련은 평생의 숙원이다. 하지만 높은 집값과 치열한 경쟁 속에서 이 꿈을 이루기란 쉽지 않다. 그러나 최근 주목받고 있는 '모아타운 재개발' 투자 방식은 이러한 무주택자들에게 새로운 희망을 제시하고 있다.

모아타운 재개발의 개념

모아타운은 서울시가 추진하는 새로운 주거 정비 모델로, 대규모 재개발이 어려운 노후 저층 주거지를 하나의 그룹으로 묶어 대단지 아파트처럼 개발하는 방식이다. 이는 신축과 구축 건물이 혼재되어 있는 지역에서 양질의 주택을 공급하고, 지하주차장 및 다양한 편의시설을 함께 조성하는 지역 단위 정비방식이다. 모아타운은 주차난 등 저층 주거지의 고질적인 문제를 해소하고, 무분별한 개별사업으로 인한 나홀로 아파트를 방지하기 위해 도입되었다.

모아타운의 가장 큰 장점은 주차난 등 저층 주거지의 고질적인 문제를 해소할 수 있다는 점이다. 또한 무분별한 개별사업으로 인한 '나홀로 아파트'를 방지할 수 있어, 도시 경관 개선에도 큰 도움이 된다.

모아타운 투자의 매력

모아타운 투자는 여러 가지 면에서 매력적이다. 우선, 기존 재개발에 비해 소액투자가 가능하다. 서울 지역의 30평형 아파트가 10억~13억 원 정도 호가하는 반면, 모아타운에 주택이나 빌라를 매입할 경우 실투자금은 2~4억 원 정도이다. 추가 분담금까지 합쳐도 총 소요되는 비용은 4~6억 원이면 충분하다.

또한 사업 기간이 짧다는 것도 큰 장점이다. 일반적인 재개발이 10년 이상 걸리는 데 비해, 모아타운은 4~5년 정도로 사업 기간이 짧다. 이는 투자자들에게 더 빠른 수익 실현의 기회를 제공한다.

더불어 모아타운은 권리산정기준일이 조합설립일이기 때문에, 조합설립 이전에만 취득하면 아파트 입주권을 받을 수 있다. 이는 투자자들에게 더 많은 기회를 제공한다.

성공 사례: 강북구 번동 모아타운

강북구 번동 모아타운은 모아타운 재개발의 성공적인 첫 사례로 꼽힌다. 이 지역은 노후화된 주거환경으로 인해 오랫동안 개발이 필요한 곳으로 지적되어 왔다. 모아타운 지정 이후, 이 지역은 빠르게 변화하기 시작했다.

번동 모아타운은 약 1,500세대 규모의 대단지로 개발될 예정이다. 이는 기존의 낡은 다세대, 다가구 주택들을 현대적이고 편리한 아파트 단지로 탈바꿈시키는 것이다. 이 과정에서 주민들의 주거환경이 크게 개선될 뿐만 아니라, 지역 전체의 가치도 상승하게 된다.

특히 번동 모아타운은 지하철역과 가까워 교통이 편리하고, 인근에 학교와 상업시설이 잘 갖춰져 있어 향후 발전 가능성이 높은 지역으로 평가받고 있다. 이러한 입지 조건은 투자 가치를 더욱 높이는 요인이 된다.

모아타운 투자의 주의점

모아타운 투자가 매력적인 것은 사실이지만, 모든 투자와 마찬가지로 주의해야 할 점들이 있다. 우선, 해당 지역의 개발 계획과 진행 상황을 면밀히 파악해야 한다. 모아타운으로 지정되었다고 해서 모든 지역이 동일한 속도로 개발되는 것은 아니다. 2024년 10월 말 기준 서울시의 모아타운 대상지는 25개 자치구에 총 91개소이다. 참고로 모아타운 사업이 진행됨에 따라 새로운 대상지가 추가되거나 기존 대상지의 상황이 변경될 수 있다.

또한, 투자 시기도 중요하다. 너무 늦게 투자하면 이미 가격이 많이 오른 후일 수 있고, 너무 일찍 투자하면 개발이 지연될 경우 자금이 오랫동안 묶일 수 있다. 따라서 적절한 투자 시기를 잡는 것이 중요하다. 모아타운 사업이 성공적으로 진행되려면 조합원들의 동의율 80% 획득이 관건인데 지정 후보지마다 동의율 징구율을 잘 체크해서 동의율이 높아 사업추진이 빠른 곳을 골라 투자해야 한다. 서울에서만 모아타운으로 서울시가 지정한 곳이 100여곳이 넘는다. 이 중에서 사업성이 좋은 곳을 골라야 수익성이 높다.

마지막으로, 자금 계획을 철저히 세워야 한다. 초기 투자금 외에도 추가 분담금이 발생할 수 있으므로, 이에 대한 준비가 필요하다. 수익성 높은 모아타운 고르는 요령

1. 조합원 수와 일반분양 비율

모아타운의 사업성은 조합원 수와 건축되는 아파트 수의 비율에 따라 달라진다. 따라서 모아타운 투자의 핵심은 조합원 수보다 건축되는 아파트 수가 많아야 한다는 점이다. 일반분양 물건이 많을수록 사업성이 높아지고, 투자자에게도 더 큰 이익이 돌아올 가능성이 크다.

따라서 다세대 건물이 밀집된 빌라촌은 조합원이 많아 사업성이 떨어질 수 있으므로 피하는 것이 좋다. 대신 단독주택과 다가구 주택이 많은 지역은 조합원 수가 적어 일반분양 물건이 상대적으로 많아질 가능성이 높다. 직접 현장을 방문해 발품을 팔아 주변환경, 건물 상태, 주변 공인중개사와 주민들을 만나 주민 의견 등을 종합적으로 검토해야 한다.

2. 지역 내 기반시설과 인구

개발 지역의 인구와 기반시설도 중요한 요소이다. 교통, 교육, 의료, 상업시설 등 생활 인프라가 잘 갖춰져 있는 지역은 개발 후 주거 수요가 높아질 가능성이 크다. 또한, 인구 증가세가 뚜렷한 지역은 향후 부동산 가치 상승을 기대할 수 있어 투자처로 적합하다.

3. 입지 조건

입지 조건은 부동산 가치에 직접적인 영향을 미친다. 지하철역이나 버스 정류장 등 대중교통 접근성이 좋은 지역, 상업 및 업무 중심지와 가까운 지역은 높은 선호도를 보인다. 특히 서울 내에서도 강남권, 마포구, 성동구 등 인기 있는 지역은 모아타운 개발 시 더 큰 사업성을 기대할 수 있다.

성공적인 모아타운 투자 전략

　모아타운 투자는 무주택자들에게 내집마련과 재테크를 동시에 실현할 수 있는 좋은 기회를 제공한다. 하지만 성공적인 투자를 위해서는 사업성이 높은 지역을 선정하는 것이 필수적이다. 단독주택과 다가구 주택이 많은 곳, 기반시설과 인구 증가세가 뚜렷한 곳을 중심으로 발품을 팔며 철저히 분석해야 한다. 강북구 번동과 같은 성공 사례는 이러한 전략이 얼마나 중요한지를 보여준다. 투자자는 현장 조사와 법적 요건 확인, 자금 계획 등을 통해 리스크를 최소화하고 안정적인 수익을 기대할 수 있다. 모아타운 투자는 단순한 주거 문제 해결을 넘어 미래를 위한 현명한 선택이 될 것이다.

재개발 투자의 정석: 노후도와 사업성으로 읽는 황금 입지

재개발 투자는 부동산 투자의 꽃이다. 그러나 모든 낡은 지역이 재개발의 대상이 되는 것은 아니다. 성공적인 재개발 투자를 위해서는 두 가지 핵심 요소인 노후도와 사업성을 정확히 파악해야 한다.

재개발의 첫 번째 열쇠, 노후도

노후도는 재개발 구역 지정의 가장 기본적인 법적 요건이다. 도시 및 주거환경정비법 시행령에 따르면, 재개발 구역으로 지정되기 위해서는 건축된 지 20년 이상 된 주택이 전체 건축물의 3분의 2(66.7%) 이상이어야 한다. 특히 1970~80년대에 지어진 '빨간 벽돌' 건물이 많은 지역은 노후도 요건을 충족할 가능성이 높다. 이는 당시 붉은 벽돌이 주된 외장재로 사용되었기 때문이다.

재개발 투자 성공의 핵심, 사업성 분석

사업성은 재개발의 성패를 가르는 핵심 요소이다. 이는 조합원 수 대비 신규 공급 세대수의 비율로 판단한다. 일반적으로 조합원 수가 적고 신규 공급 세대수가 많을수록 사업성이 좋다. 예를 들어, 조합원 500명에 신규 공급 1,500세대라면 1,000세대를 일반분양할 수 있어 사업성이 매우 우수한 것이다.

서울 서초구 반포동 '래미안 원베일리'는 이러한 성공적인 재개발의 대표적 사례이다. 신반포3차·23차·경남아파트의 통합 재개발을 통해 사업성을 극대화했다. 또한 성남시 1단계 재개발에서 단대·중동3구역은 총 1,900가구의 성공적인 재정착률 50%를 달성하며 모범적인 재개발 사례로 꼽힌다.

황금 입지의 조건

이상적인 재개발 후보지는 노후 단독·다가구 주택이 다수를 이루면서도 적정 수준의 다세대 빌라가 혼재된 곳이다. 이때 주의할 점은 단순히 노후화된 빌라가 많다고 재개발이 성공하는 것이 아니다. 참고로 중곡동(광진구), 중랑구 일대, 화곡동(강서구) 지역과 같이 과도한 빌라 밀집 지역은 피하는 것이 좋다. 이들 지역은 건물이 매우 노후화되어 있고 노후도 요건은 충족하지만, 4m 이상 도로와 접하는 접도율 요건을 충족하지 못하는 특징이 있다. 이러한 지역들은 재개발 추진이 어려운 것으로 나타났다. 노후 다세대 빌라 밀집 지역은 조합원 수가 많아 사업성이 낮고 높은 리스크가 있으므로 단순 투자는 바람직하지 않다.

다만, 2024년부터 재개발 요건이 완화되면서 노후도 기준이 60%로 완화되었고, 접도율 요건도 완화되어 기존에는 4m 이상 도로에 접한 경우만 재개발이 가능했으나, 6m 미만 도로에 접한 경우에도 재개발이 가능하도록 기준을 완화했다. 그 결과, 서울의 재개발 가능 면적이 484만 m^2에서 1,190만 m^2로 크게 증가했다는 점은 주목할 만하다.

특히 소방차 진입이 곤란하고 차량 통행이 제한된 골목이 많은 지역이 재개발 가능성이 높다. 이러한 지역은 도심 접근성이 우수하고 대중교통이 편리하다면 더욱 매력적인 투자 대상이 된다. 또한 교통 인프라 개선 계획이나 주변 개발 계획 등 지역의 발전 가능성을 종합적으로 체크해 봐야한다.

투자자들은 국토·도시 공간정보 통합 분석 시스템인 Prom(구, GIS-Law)나 '부동산 플래닛'(무료)과 같은 공간정보 플랫폼을 활용해 건축물의 노후도를 정확히 확인할 수 있다. Prom의 경우, 개인회원에게는 분석 면적이 500㎡ 이하로 제한되며, 일부 기능은 유료회원에게만 제공된다. 그러나 이러한 데이터 분석과 함께 반드시 현장 방문을 통한 실사가 필요하다. 실제 노후 상태와 주변 환경을 직접 확인하는 것이 투자의 성패를 좌우할 수 있기 때문이다.

2024년부터는 노후도 기준이 60%로 완화되어 더 많은 지역에서 재개발 기회가 열릴 것으로 예상된다. 이는 투자자들에게 새로운 기회가 될 수 있다. 그러나 여전히 사업성 분석이 중요하다. 조합원 수 대비 예상 공급세대수 비율, 토지 가격 및 건축비용, 일반분양 가능 물량 등을 종합적으로 검토해야 한다.

성공적인 재개발 투자를 위해서는 법적 요건, 사업성, 개발 잠재력을 종합적으로 고려해야 한다. 노후도 66.7% 이상 충족 여부, 구역 면적 10,000㎡ 이상, 접도율 규정 등의 법적 요건을 확인하고, 예상 분담금 규모와 일반분양 가능 물량, 주변 시세 등을 분석해야 한다. 또한 교통 인프라 개선 계획이나 주변 개발 계획 등 지역의 발전 가능성도 중요한 고려 요소이다.

결론적으로, 재개발 투자의 성공은 철저한 분석과 현장 조사에서 비롯된다. 노후도와 사업성이라는 두 가지 핵심 요소를 정확히 파악하고, 지역의 발전 가능성을 종합적으로 고려하는 것이 중요하다. 이러한 체계적인 접근만이 재개발 투자에서 성공을 거둘 수 있다.

부동산 투자의 디지털 나침반:
노후도 분석으로 찾는
재개발 투자의 기회

재개발 투자의 성공 여부는 정확한 노후도 분석에서 시작된다. 과거에는 발로 뛰며 직접 현장을 확인하는 '임장'만이 유일한 방법이었지만, 이제는 디지털 기술의 발전으로 더욱 과학적이고 체계적인 분석이 가능해졌다.

대표적인 노후도 분석 도구인 '부동산플래닛(www.bdsplanet.com)'은 빅데이터와 AI 기술을 활용한 종합 부동산 분석 플랫폼이다. 모바일에서는 '부동산플래닛 앱을 설치해 사용가능하다. 이 플랫폼은 건축물의 노후도를 시각적으로 보여주어 재개발 가능성이 높은 지역을 쉽게 파악할 수 있게 해준다. 특히 2024년 3월부터 재개발 요건이 완화되어 노후도 기준이 60%로 낮아짐에 따라, 이 플랫폼의 활용 가치는 더욱 높아졌다. 사용방법은 간단하다. 노후도를 확인 절차는 우선 원하는 지역 검색 후 우측 '탐색' 메뉴 클릭한다. 그리고 '노후도' 항목 선택하고 건축연한 필터를 20년 이상으로 설정한다.

노후도 분석의 핵심은 색상 구분에 있다. 붉은색이 진할수록 건물의 노후화가 심각하며, 노후도가 높은 건물임을 나타낸다. 반면, 파란색이 진할수록 신축 건물임을 의미한다. 이는 5년 단위로 색상 농도가 달라지므로, 시각적으로 직관적인 판단이 가능하다.

실제 성공 사례를 보면 노후도 분석의 중요성이 더욱 분명해진다. 서울 한남뉴타운 3구역의 경우, 부동산플래닛을 통한 노후도 분석 결과 85% 이상의 높은 노후도를 보였고, 2024년 현재 재개발이 성공적으로 진행 중이다. 8,000가구 이상이 밀집해 있던 이 지역은 2024년 7월 기준 대부분의 주민들이 이주를 완료했다.

재개발 성공확률: 노후도 기준 70% 이상인 지역

투자자들이 특히 주목해야 할 점은 노후도 70% 이상 지역이다. 2024년부터 재개발 노후도 기준이 기존의 3분의 2(66.7%)에서 60%로 다소 완화되었지만, 국토교통부가 발표한 도심 공공복합사업의 1차~5차 선도사업 후보지들의 노후도는 대부분 70%에서 100% 사이에 분포한다. 따라서 실무에서 최소 70%이상의 노후도를 가는 곳이 재개발 성공 가능성이 높은 지역이라고 볼 수 있다.

노후도 분석 시 주의해야 할 사항도 있다. 표면적으로 낡아 보이는 건물이라도 실제 준공 연도는 20년이 되지 않은 경우가 있다. 반대로 외관은 양호해 보여도 준공 연도가 오래된 건물도 있다. 따라서 부동산플래닛의 객관적인 데이터와 실제 현장 확인을 병행하는 것이 중요하다.

2024년부터는 재개발 요건이 더욱 완화되어 서울의 재개발 가능 면적이 484만㎡에서 1,190만㎡로 크게 증가했다. 이는 투자 기회가 확대됨을 의미하지만, 동시에 더욱 세밀한 분석이 필요함을 시사한다.

성공적인 재개발 투자를 위해서는 다음과 같은 단계별 접근이 필요하다:

1. 부동산플래닛을 통한 기초 노후도 분석
2. 준공연차 20년 이상 건물의 비율 확인
3. 주변 신축 건물 비율 검토
4. 실제 현장 방문을 통한 검증
5. 지역 개발 계획과의 연계성 분석

특히 서울의 경우, 2024년 기준으로 공동주택 중 20년 이상 된 건물의 비중이 59.5%에 달한다. 노원구, 도봉구, 강북구 등 일부 지역에서는 그 비율이 90%까지 치솟고 있어, 노후도가 다른 지역에 비해 상대적으로 높은 이러한 지역들은 재개발 투자의 잠재적 대상이 될 수 있다.

결론적으로, 재개발 투자의 성공은 정확한 노후도 분석에서 시작된다. 부동산플래닛과 같은 디지털 도구를 활용한 과학적 분석과 실제 현장 확인을 통한 검증이 결합될 때, 투자 리스크를 최소화하고 수익을 극대화할 수 있다. 2024년 재개발 요건 완화로 인해 새로운 투자 기회가 열린 만큼, 이러한 분석 도구의 활용은 더욱 중요해질 것이다.

재개발·재건축 투자의 골든타임: 조합원 자격 취득의 모든 것

재개발·재건축 사업은 서민들의 내 집 마련을 위한 가장 현실적인 투자 수단이다. 특히 2021년 5월 26일 발표된 서울시의 재개발 활성화 방안과 국토교통부의 공공주도 3080+ 대책은 도심 내 주택공급 확대를 위한 새로운 전기를 마련했다.

조합원 자격 취득의 새로운 기준

2021년 9월부터 투기과열지구 내 재개발·재건축 사업의 조합원 자격 취득이 크게 제한되었다. 이는 도시 및 주거환경정비법 개정에 따른 것이다. 새로운 기준에 따르면 재건축의 경우 안전진단 통과 이전에, 재개발의 경우 정비구역 지정 후 시도지사가 지정한 권리산정기준일 이전에 소유권을 취득해야 한다.

투자 기회의 확대

서울시 내에는 재개발이 가능한 지역이 여전히 많이 존재한다. 특히 과거 박원순 시장 시절 재개발 해제구역으로 지정된 316곳 중 약 170여 곳(54%)이 재개발 법적 요건을 갖추고 있다. 이는 주민들의 재개발 추진 의지만 있다면 언제든 재지정이 가능한 잠재적 투자처이다.

예외 규정과 주의사항

조합원 자격 취득 제한에도 예외는 존재한다. 사업이 장기 정체될 경우를 대비한 것으로, 다음과 같은 경우에 해당한다:

1. 안전진단 통과일로부터 2년 이상 정비계획 입안이 없는 경우
2. 정비구역 지정일로부터 2년 이상 추진위설립 신청이 없는 경우
3. 추진위설립일로부터 2년 이상 조합설립 신청이 없는 경우

그러나 토지거래허가구역으로 지정된 지역(잠실동, 삼성동, 청담동, 대치동, 압구정, 여의도, 목동, 성수)에서는 이러한 예외 규정이 적용되지 않는다.

신축 주택 투자시 유의사항

건축된지 20년 이상 오래된 구축 주택들이 많은 재개발 지역 내 투자할 때 임차인 확보가 용이하고 관리 및 유지보수 측면에서 수월한 탓에 신축 주택 매입을 선호하는 투자자들이 많다. 다만, 신축 주택 투자시 세심한 주의가 필요한데, 조합원 자격 취득 여부가 다음과 같은 기준으로 결정되기 때문이다.

1. 민간 재개발의 경우:
- 권리산정기준일 이전에 건축허가를 접수한 신축 주택은 조합원 자격이 인정된다.
- 권리산정기준일 이후에 건축허가를 접수한 신축 주택은 조합원 자격이 인정되지 않는다.
- 단, 권리산정기준일 이전에 건축허가를 접수했더라도 실제 건축물이 완공되기 전이라면 입주권 확보를 위해 반드시 권리산정기준일 이전에 건축허가 접수 사실을 확인해야 한다.

2. 가로주택정비사업의 경우:
- 조합설립 이전 신축은 조합원 자격이 인정된다.
- 조합설립 이후 신축은 조합원 자격이 인정되지 않는다.

3. 공공재개발의 경우:
- 공모공고일 이전 신축은 조합원 자격이 인정된다.

- 공모공고일 이후 신축은 조합원 자격이 인정되지 않는다.

따라서 재개발 지역 내 신축 주택 투자 시에는 해당 지역의 재개발 방식과 각종 기준일을 정확히 파악하고, 건축허가 접수 시점을 반드시 확인해야 한다. 이는 추후 발생할 수 있는 입주권 관련 분쟁을 예방하고 안전한 투자를 위한 필수 조건이다.

권리산정기준일이란?

권리산정기준일은 재개발사업에서 조합원의 권리를 판단하는 기준이 되는 날짜이다(도시 및 주거환경정비법 제36조 참조). 이는 다음과 같은 중요한 의미를 갖는다.

1. 조합원 자격 판단 기준
- 민간 재개발의 경우, 이 기준일 이전에 소유권을 취득한 사람만 조합원 자격이 인정된다.
- 기준일 이후 매입한 사람은 조합원 자격을 얻을 수 없다.

2. 신축건물의 권리 인정
- 권리산정기준일 이전에 건축허가를 받은 신축 건물만 조합원 자격이 인정된다.
- 기준일 이후 건축허가를 받은 건물은 조합원 자격이 인정되지 않

는다.

이 기준일은 재개발 사업에서 투기를 방지하고 실질적인 권리자를 보호하기 위한 중요한 기준점이 된다.

투자 전략

현재 서울의 아파트 가격이 높은 상황에서 1~2억 원대의 소액으로 투자 가능한 재개발 가능지역은 중산층의 내 집 마련을 위한 현실적인 대안이다. 정비구역으로 지정되기만 해도 투자금의 두 배 이상 수익을 기대할 수 있는 지역을 발굴하는 것이 핵심이다. 정부와 서울시는 서울 내 재개발·재건축 사업을 활발하게 지원하고 규제를 완화하는 등 적극적인 정책을 시행하고 있어, 투자자에게 유리한 조건이 마련되고 있다.

결론적으로, 재개발·재건축 투자는 철저한 법규 검토와 시장 분석이 필수적이다. "튼튼해 보이는 돌다리도 두들겨 보고 건너라"는 속담처럼, 신중한 접근이 필요하다. 특히 조합원 자격 취득 시기에 대한 정확한 이해는 투자 성공의 핵심 요소가 될 것이다.

재개발 투자의 황금시기: 단계별 투자 전략과 수익 분석

재개발 투자는 시기 선택이 성패를 좌우하는 핵심 요소이다. 재개발 사업은 정비구역 지정부터 준공까지 최소 6~8년이 소요되는 장기 프로젝트이며, 각 단계별로 상이한 투자 전략이 필요하다.

투자 단계별 특성

초기 단계인 정비구역 지정 시기의 투자는 가장 높은 수익을 기대할 수 있다. 그러나 사업 무산의 위험이 크고, 투자금 회수까지 10년 이상이 소요될 수 있다는 점을 감안해야 한다. 성수동의 경우, 초기 투자자들은 3년간 약 40%의 수익률을 달성했다.

중기 단계인 사업시행인가 시기는 재개발 사업의 절반을 넘어선 시점이다. 이 시기는 2~3년 정도의 투자 기간이 예상되며, 이주비 지급이 시작되면서 매매가가 상승하고 투자자가 집중되는 시점이다.

투자자 유형별 최적 시기

자금력과 투자 기간에 따라 적합한 진입 시점이 다르다. 장기 투자자의 경우 정비구역 지정 이전에 진입하여 높은 수익을 노릴 수 있다. 반면, 안정적인 투자를 선호하는 투자자는 사업시행인가 이후 진입하는 것이 바람직하다.

결론적으로, 재개발 투자의 최적 시기는 투자자의 자금력, 투자 기간, 리스크 감수 능력에 따라 달라진다. 초기 단계 투자는 높은 수익을 기대할 수 있지만 그만큼 리스크도 크다. 반면 후기 단계 투자는 안정적이지만 높은 진입장벽과 제한된 수익을 감수해야 한다.

미래가치를 선점하라:
서울 핵심 8개 지역의
재개발·재건축 투자 전략

서울의 부동산 시장에서 재개발 및 재건축 사업은 여전히 투자자들의 관심사이다. 특히 교통 인프라 개선과 도시 재생 사업이 맞물린 지역들이 높은 투자 가치를 보이고 있다. 이에 따라 8개의 주요 투자 유망 지역을 분석해 본다.

1. 왕십리

왕십리는 교통 인프라가 잘 발달해 있으며, 재개발이 진행되고 있는 지역이다. 특히 왕십리역은 지하철 2호선과 5호선이 교차하는 중요한 교통 허브로, 향후 개발이 기대되는 지역이다. 이 지역은 비교적 소액으로 접근할 수 있어 투자자들에게 매력적인 선택지로 평가받고 있다.

2. 신당동

신당동 역시 재개발 사업이 활발히 진행되고 있는 지역이다. 이곳은 동대문과 가까워 상업적 수요가 높고, 교통 접근성도 좋아 향후 가치 상승이 기대된다. 또한, 신당동 일대는 노후 주택이 많아 재개발을 통한 주거 환경 개선이 예상되며, 이는 향후 부동산 가치 상승으로 이어질 가능성이 크다.

3. 청량리

청량리는 교통 허브로서의 역할이 강화되고 있는 지역으로 최근 재개발 사업이 활발히 진행되고 있는 지역 중 하나이다. 청량리역 주변은 KTX와 지하철이 연결되어 있어 교통 편의성이 뛰어나며, 대규모 개발 계획이 수립되어 있어 장기적인 투자 가치가 높다.

4. 성수동

성수전략정비구역은 이미 많은 관심을 받고 있는 지역으로, 강변북로와 내부순환도로와의 근접성 덕분에 교통이 편리하다. 정부의 대규모 문화공원 조성 계획 등으로 인해 미래 가치가 더욱 높아질 것으로 예상된다.

5. 강북구 미아동

미아동은 GTX-C 노선의 수혜를 받을 수 있는 지역으로, 저층 밀집 주거환경 개선을 위한 재개발 사업이 진행될 예정이다. 이 지역은 향후 교통 편의성과 함께 주거 환경 개선이 이루어질 가능성이 크다. 강북구 수유동 일대 역시 교통 인프라 확장과 신축 아파트 개발로 가치 상승이 기대되는 지역으로 꼽히고 있다.

6. 영등포 대선제분1구역

영등포는 서울의 상업 중심지로서 중요한 역할을 하고 있으며, 대선제분1구역의 재개발 사업은 이 지역의 활성화에 기여할 것이다. 영등포는 이미 상업시설과 주거시설이 잘 결합되어 있어 안정적인 투자처로 평가받고 있다.

7. 한남동

한남동은 용산구에 위치하며, 국제업무지구로 개발되고 있는 지역이다. 이곳은 한강변과 가까워 전망이 좋은 고급 주거지로 성장하고 있으며, 정부의 개발 호재로 인해 향후 가치 상승 가능성이 높다.

8. 노량진

노량진 역시 재개발 사업이 진행되고 있는 지역으로, 교통 인프라와 생활 편의시설이 잘 갖춰져 있다. 특히 노량진 일대는 학원가와 가까워 임대 수요가 높은 지역이라서 안정적인 임대 수익을 원하는 투자자들에게 매력적인 곳이다.

이러한 지역들은 현재 재개발 및 재건축 사업이 활발히 진행 중이며, 향후 가치 상승이 기대되는 곳들이다. 이러한 지역에 대한 투자는 초기 가격으로 진입하여 개발 이후 높은 수익을 얻을 가능성이 높다. 그러나 재개발/재건축 투자에는 리스크도 존재한다. 사업 지연, 예상치 못한 비용 증가, 정책 변화 등의 용인으로 인해 투자 수익이 예상보다 낮아질 수 있다.따라서 투자자들은 이러한 리스크를 충분히 인지하고, 다음과 같은 전략을 고려해야 한다. 첫째, 철저한 사전 조사가 필요하다. 해당 지역의 개발 계획, 교통 인프라 개선 계획, 주변 상권 분석 등을 통해 투자 대상 지역의 잠재력을 정확히 파악해야 한다. 둘째, 장기적인 관점에서 접근해야 한다. 재개발/재건축 사업은 완료까지 상당한 시간이 소요되므로, 단기 수익을 기대하기보다는 중장기적인 가치 상승에 초점을 맞춰야 한다. 셋째, 분산 투자를 고려해야 한다. 한 지역에 모든 자금을 투자하기보다는, 여러 유망 지역에 분산 투자함으로써 리스크를 줄일 수 있다.

PART 5

소형 부동산의 시대

1인 가구부터 오피스텔까지, 성공 투자 전략의 모든 것

1인 가구와
소형 주택의 시대

대한민국의 부동산 시장이 큰 변화를 맞이하고 있다. 인구구조의 변화, 가구형태의 다변화로 부동산 유형과 형태가 특히 도심에서 소형 주택으로 새롭게 바뀌고 있다.

인구구조 변화와 부동산 시장

2024년 현재 대한민국은 급격한 인구구조 변화를 겪고 있다. 통계청 자료에 따르면, 2024년말 기준으로 주민등록 인구 중 65세 이상 인구가 전체 인구의 20.0%를 돌파함에 따라, 공식적으로 초고령사회에 진입했다. 유엔(UN) 기준에 따라 65세 이상 인구가 전체 인구의 20% 이상이면 '초고령사회'로 분류된다. 더욱 주목할 만한 것은 70대 이상 인구가 20대 인구를 추월했다는 점이다.

1인 가구의 급증과 주거 트렌드

1인 가구는 2024년 기준 전체 가구의 35.5%인 782만 9천 가구에 달한다. 특히 서울의 경우 1인 가구 비율이 39.3%로, 대전(39.4%)에 이어 전국에서 두 번째로 높다. 이러한 1인 가구의 증가는 소형 주택에 대한 수요를 지속적으로 견인하고 있다.

> [비밀노트] 소형 주택 투자의 장점
>
> **1. 낮은 초기 투자금**
> - 전세를 활용할 경우 6천만 원~1억 원의 실투자금으로 시작 가능하다.
> - 투자 리스크를 분산할 수 있다.
>
> **2. 안정적인 수익률**
> - 전세 활용 시 연 5~6% 이상의 수익률이 가능하다.
> - 시세차익과 임대료 상승분을 동시에 기대할 수 있다.
>
> **3. 안정적인 수요**
> - 1인 가구의 지속적 증가로 임대 수요가 보장된다.
> - 경기 침체기에도 상대적으로 가격 하락폭이 작다.

소형주택, 미래 전망과 투자 방향

인구감소와 고령화는 피할 수 없는 추세이다. 통계청 전망에 따르면 2066년 총인구는 4000만명 이하로 감소할 것으로 예측된다. 그러나 1~2인 가구의 증가로 인해 주택 수요는 오히려 증가하는 역설적 상황이 전개되고 있다.

이러한 변화는 부동산 투자 전략의 근본적인 재검토를 요구한다. 과거의 중대형 아파트 중심 투자에서 소형 주택 포트폴리오 구성으로의 전환이 필요한 시점이다.

결론적으로, 부동산 투자의 성공은 인구구조와 사회변화에 대한 정확한 이해에서 시작된다. 1인 가구 증가와 고령화라는 메가트렌드 속에서 소형 주택 투자는 새로운 기회가 될 것이다.

소형주택 투자 전략: 오피스텔과 빌라의 세금 절세 가이드

부동산 시장의 패러다임이 변화하고 있다. 고가 아파트 중심의 투자에서 소형 주택, 특히 주거용 오피스텔과 빌라로 투자 수요가 급격히 이동하고 있다. 이러한 변화의 핵심에는 취득세와 같은 세금 문제가 자리 잡고 있다.

주거용 오피스텔의 세금 장점

주거용 오피스텔은 취득 시 4.6%의 단일 취득세율이 적용된다. 다주택자들이 주택이나 아파트 대신 주거용 오피스텔에 투자하는 이유가 바로 여기에 있다. 이는 다주택자가 주택이나 아파트에 투자시 적용되는 중과세(8%~12%)를 피할 수 있는 중요한 장점이다. 2020년 7.10 대책 이후 서울의 준주거지역이나 상업지역에서 오피스텔 건축이 증가한 것도 이러한 세제상의 이점 때문이다.

> **[비밀노트] 주거용 오피스텔, 주택수 산정의 핵심 포인트**
>
> **1. 주택 보유자가 오피스텔 추가 취득 시**
> - 취득세 중과 대상이 아니다.
> - 다주택자라도 오피스텔은 취득세율 4.6% 적용
>
> **2. 주거용 오피스텔 보유자가 주택 추가 취득 시**
> - 강남3구(강남,서초,송파구)와 용산구와 같은 조정대상지역 소재 주택 취득 시 2주택자로 간주되어 취득세 8% 적용. 그 이외 지역(비조정대상지역)의 주택 추가 취득 시에는 주택에 대한 기본세율 1~4%적용
> - 3주택 이상 시 조정대상지역 구분에 따라 8~12% 적용
>
> **[참고]조정대상지역 지정 현황 (2025년 1월 기준)**
> 서울에서는 서초구, 강남구, 송파구, 용산구(총 4개구)만 조정대상지역으로 지정되어 있으며, 나머지 21개구는 2023년 1월 5일자로 해제되었다.

오피스텔 분양권, 주택수 제외

오피스텔 분양권은 주택수 계산에서 제외되는데, 그 이유는 다음과 같다.

1. 용도 미확정
- 준공 전에는 주거용/업무용 구분이 불가능하다.
- 실제 사용 목적이 확정되지 않은 상태이다.

2. 투자 기회
- 분양권 보유 중에 주택 추가 매입 시 취득세 중과세 위험이 없다.
- 다주택자라도 오피스텔은 취득세 중과를 피할 수 있다.

시장 변화와 투자 트렌드

최근 신혼부부들의 주거 선택이 변화하고 있다. 서울 아파트의 높은 전세가로 인해 상대적으로 저렴한 투룸/쓰리룸의 소형 빌라나 오피스텔로 수요가 이동하고 있다. 참고로 KB부동산에 따르면, 2024년 기준, 서울 오피스텔 임대 수익률은 4.68%로, 2018년 이후 가장 높은 수준을 기록하고 있다.

> [비밀노트] 오피스텔 투자 전략의 핵심
>
> 1. 취득 순서의 중요성
> - 주택 취득 후 주거용 오피스텔 매입이 유리하다.
> - 역순으로 진행 시 취득세 중과세 위험이 있다.

2. 절세 전략
- 고가 주택 매입 전 기존 오피스텔 처분 검토
- 분양권 단계에서의 전략적 활용

3. 임대시장 동향
- 1~2인 가구 증가에 따른 수요 확대
- 임대 수익률 상승 추세 주목

결론적으로, 소형주택 투자에서는 세금 문제를 포함한 종합적인 접근이 필요하다. 특히 취득 순서와 보유 기간에 따른 세금 영향을 면밀히 검토해야 한다. 주거용 오피스텔은 다주택자들에게 유력한 투자 대안으로 자리잡고 있으며, 이러한 추세는 당분간 지속될 것으로 전망된다.

아파텔의 부상: MZ세대가 선택한 새로운 주거 트렌드

아파트와 오피스텔의 장점을 결합한 '아파텔'이 새로운 주거 형태로 주목받고 있다. 아파텔은 높은 아파트 가격과 변화하는 주거 트렌드 속에서 실용적인 대안으로 자리잡고 있다. 아파텔은 준주거지역이나 상업지역에 건축되는 주거용 오피스텔의 별칭으로, 아파트의 편리성과 호텔의 편의성을 동시에 갖춘 것이 특징이다.

아파텔의 특징과 장점

아파텔은 1.5룸 및 투룸 형식이 주를 이루며, $35m^2 \sim 50m^2$의 실사용면적을 제공한다. 세탁기, 천정형 에어컨, 전기레인지, 환기청정기 등이 기본으로 설치되어 있어 TV와 침대만으로도 즉시 입주가 가능하다. 이러한 실용성과 편리성은 MZ세대(1981~2010년생)의 라이프스타일과 완벽하게 부합한다.

직주근접성의 강점

아파텔의 가장 큰 장점은 우수한 입지조건이다. 지하철역 인근의 상업지역이나 준주거지역에 위치하여 교통, 쇼핑, 문화시설 등의 접근성이 뛰어나다. 특히 직주근접을 선호하는 맞벌이 신혼부부에게 최적의 주거공간으로 평가받고 있다.

시장 현황

상업지역 내 아파텔 건축용 토지 가격이 급등하고 있다. 2~3년 전 평당 3천~4천만 원이던 역세권 이면도로의 토지가격이 2021년에는 평당 6천만 원을 넘어섰다. 도로변은 평당 1억 원을 상회하며, 이는 분양가 상승으로 이어질 수 있는 리스크 요인이다.

투자자의 전략적 선택

아파텔은 도시형생활주택과 주거용오피스텔로 구분되며, 투자자의 상황에 따라 선택이 달라질 수 있다.

1. 무주택자의 경우
- 소형 도시형생활주택 선택 시, 1%의 낮은 주택취득세율 적용
- 향후 아파트 청약 계획이 있다면 오피스텔 선택이 유리(청약시 주거용오피스텔 소유을 하고 있더라도 무주택자로 인정)

2. 유주택자의 경우
- 주거용 오피스텔 선택 시, 4.6% 고정 취득세율
- 주거용 오피스텔은 취득 개수에 관계없이 동일한 취득세율(4.6%) 적용

아파텔의 부상:
MZ세대가 선택한
새로운 주거 트렌드

　아파트와 오피스텔의 장점을 결합한 '아파텔'이 새로운 주거 형태로 주목받고 있다. 높은 아파트 가격과 변화하는 주거 트렌드 속에서 아파텔이 실용적인 대안으로 자리잡고 있다. 아파텔은 준주거지역이나 상업지역에 건축되는 주거용 오피스텔의 별칭으로, 아파트의 편리성과 호텔의 편의성을 동시에 갖춘 것이 특징이다. 특히 상업지역 내 아파텔 건축용 토지 가격이 급등하고 있어서 향후 분양되는 아파텔의 가격은 꾸준히 상승할 것으로 예상된다. 왜냐하면 땅값이 2~3년 전 평당 3천~4천만 원이던 역세권 이면도로의 상업지역 토지가격이 2021년에는 평당 6천만 원을 넘어섰다. 도로변은 평당 1억 원을 상회하며, 이는 분양가 상승을 일으키는 주요 요인 중 하나이다.

아파텔의 특징과 장점

아파텔은 1.5룸 및 투룸 형식이 주를 이루며, $35m^2$~$50m^2$의 실사용면적을 제공한다. 세탁기, 천정형 에어컨, 전기레인지, 환기청정기 등이 기본으로 설치되어 있어 TV와 침대만으로도 즉시 입주가 가능하다. 이러한 실용성과 편리성은 MZ세대(1981~2010년생)의 라이프스타일과 완벽하게 부합한다.

직주근접성의 강점

아파텔의 가장 큰 장점은 우수한 입지조건이다. 지하철역 인근의 상업지역이나 준주거지역에 위치하여 교통, 쇼핑, 문화시설 등의 접근성이 뛰어나다. 특히 직주근접을 선호하는 맞벌이 신혼부부에게 최적의 주거공간으로 평가받고 있다.

[아파텔 투자의 비밀노트]

아파텔은 크게 도시형생활주택과 주거용오피스텔로 구분되며, 투자자의 상황에 따라 선택하면 된다.

1. 무주택자의 경우라면
- 도시형생활주택 선택한다. 이유는 1%의 낮은 주택 취득세율만 납부하면 되기 때문이다.

- 그러나 향후 아파트 청약 계획이 있다면 오피스텔 선택이 유리하다. 왜냐하면 청약시 주거용 오피스텔 소유을 하고 있더라도 오피스텔은 청약시 주택으로 간주하지 않기 때문에 무주택자로 인정받을 수 있다는 잇점이 있다.

2. 유주택자의 경우라면
- 주거용 오피스텔을 선택하여 4.6%의 고정 취득세율만 납부하면 된다.
- 주거용 오피스텔은 취득 개수에 관계없이 동일한 취득세율(4.6%)을 적용한다는 장점이 있다.

하이엔드 부동산의 시대:
초고가 소형주택이 뜨는 이유

　1인 가구의 증가와 함께 소형 주택에 대한 수요가 급증하는 가운데, 특히 하이엔드급 소형 주거상품이 새로운 투자 트렌드로 부상하고 있다. 최근 서울의 하이엔드 소형주택 시장은 놀라운 성장세를 보이고 있으며, 2024년 성수동 트리마제 전용 $35m^2$와 삼성동 힐스테이트 전용 $40m^2$의 매매가가 15억 원을 넘어섰다. 특히 루프탑 수영장을 갖춘 테헤란로의 첫 하이엔드 오피스텔 '더포엠'은 전용 $38m^2$(11.47평)가 13억 원을 상회하는 분양가를 기록했다.

　이러한 하이엔드 소형주택 수요 급증의 배경에는 글로벌 기업들의 한국 진출이 큰 영향을 미치고 있다. 벤츠본사, 아마존, 페이스북, 크래프톤 등 글로벌 기업의 임직원들이 증가하면서 고급 주거에 대한 수요도 함께 늘어나고 있다. 특히 외국인들의 국내 호텔 장기투숙 시 월 2,000만 원에 달하는 비용과 비교할 때, 하이엔드 오피스텔의 월세 450~500만 원은 상대적으로 더 저렴한 비교우위가 있다.

글로벌 시장과 비교해도 국내 하이엔드 주거상품의 경쟁력은 매우 높다. 홍콩, 도쿄, 뉴욕 맨해튼의 유사 상품 월세가 300~400만 원 수준인 것에 비해, 한국의 하이엔드 주거상품은 시설과 서비스 면에서 더 우수하다는 평가를 받고 있다. 발렛파킹, 루프탑 수영장 등 호텔급 편의시설을 제공하여 가성비 높은 경쟁력을 갖고 있다.

그러나 이러한 수요 증가에도 불구하고, 하이엔드 주거용 부동산의 공급은 매우 제한적이다. 서울 중심부에는 오피스텔이나 주상복합아파트 등의 주거용 부동산을 건축할 수 있는 상업지역이나 준주거지역은 가용 토지가 크게 부족하고, 도심의 토지가격과 원자재 가격의 지속적인 상승으로 인해 더 이상 무한정 신규 공급이 어려운 상황이다.

투자 측면에서 보면, 하이엔드 소형 주거용 부동산은 전세를 활용할 경우 실투자금 2~3억 원 수준으로 진입이 가능하다. 다만 최소 6억 원을 초과하는 물건이 대부분이라 오피스텔 기본세율인 4.6%의 높은 취득세를 부담해야 하는 단점이 있다. 그러나 6억 이상의 고가 오피스텔은 주택임대사업자로 등록할 수 없기 때문에 시장 시세에 따른 자유로운 임대료 책정이 가능하다는 장점이 있다.

앞으로 하이엔드 주거용 부동산 시장은 더욱 성장할 것으로 전망된다. 국민소득 증가에 따른 프리미엄 주거 수요가 늘어나고 있으며, 글로벌 기업의 한국 진출이 확대되면서 고급 주거에 대한 수요도 꾸준히 증가할 것으로 예상된다. 특히 1인 가구의 질적 성장과 함께 도심 내 가용 부지 부족으로 인한 희소성 증가는 하이엔드 소형 주거용 부동산의 가치를 더욱 높일 것이다.

강남과 여의도 등 프라임 오피스 밀집 지역의 하이엔드 주거상품은 안정적인 임대수요와 함께 높은 시세 상승을 기대할 수 있다. 제한된 공급과 늘어나는 수요는 이러한 부동산의 투자 가치를 지속적으로 상승시킬 것으로 전망된다.

오피스텔 투자의 정석:
수익형 부동산의 7가지 성공 법칙

오피스텔 투자 시장이 새로운 전환점을 맞이하고 있다. 2024년 12월 기준 전국 오피스텔의 평균 수익률은 5.45%로, 예금 금리 2~3%를 크게 상회하며 안정적인 투자처로 주목받고 있다.

2025년 이후부터 오피스텔 시장은 긍정적으로 전망된다. 기준금리 인하 가능성, 1~2인 가구 증가, 직주근접 수요 확대, 신규 오피스텔의 공급 부족 등이 호재로 작용하며, 특히 신규 공급 부족으로 인한 희소성은 기존 오피스텔의 투자 가치도 함께 상승할 전망이다.

그러나 옥석은 가려야 하는 법이다. 중장기적으로 수익성을 유지시켜 줄 수 있는 오피스텔은 아래 7가지 핵심 요소에 부합하는 물건을 골라 투자해야 성공한다.

성공적인 오피스텔 투자의 7가지 핵심 요소

첫째, 임대 수익률이 지역별 기준을 충족해야 한다. 서울은 4% 이상, 수도권은 5% 이상, 비수도권은 6% 이상의 수익률이 기본이다. 참고로 2024년 현재 서울의 오피스텔 임대 수익률은 4.90%로, 2018년 이후 최고치를 기록하고 있다. 특히 대전(7.85%)과 세종(6.37%)은 더 높은 수익률을 보이고 있다.

둘째, 젊은 직장인과 신혼부부의 수요가 집중된 지역이어야 한다. 통계청 자료에 따르면 2023년 신혼부부의 연간 평균소득은 7,265만 원으로 전년 대비 7.0% 증가했으며, 맞벌이 비중도 58.2%에 달한다. 이들은 직주근접성이 뛰어난 오피스텔을 선호한다. 이때 임차인의 수요특성을 이해해 두면 좋다. 즉, 젊은 1인 가구 및 소득 수준이 상대적으로 낮은 대학생 및 취준생 등이 선호하는 원룸형 오피스텔과 젊은 1~2인 가구 및 소득 수준이 상대적으로 높은 직장인, 신혼부부 및 인근 아파트 전세난민 등이 선호는 투룸형 오피스텔로 나뉜다. 따라서 좀더 큰 투자 여윳돈이 있다면 원룸형 보다는 투룸형 오피스텔 투자를 권한다.

셋째, 우수한 교통 환경은 필수 조건이다. 지하철역 도보 10분 이내 초역세권이 투자 가치가 높다. 실제로 서울의 역세권 오피스텔은 비역세권 대비 20~30% 높은 임대료를 보이고 있다. 또한 도심내 지하철 역세권 등이라면 향후 매매를 통한 현금화가 용이하다는 잇점이 있다. 특히 도심 상업지역은 진입장벽이 높아 희소성으로 투자 가치가 보장된다.

넷째, 고소득층이 밀집한 지역이 유리하다. 서울의 경우, 2024년 기준 용산구(1억 3,000만 원), 강남구(1억 1,700만 원), 서초구(1억 900만 원) 등 평균 소득이 높은 지역의 오피스텔은 지속적인 임대료 상승이 가능하다.

다섯째, 신규 공급이 제한적인 곳을 선택해야 한다. 부동산R114에 따르면 2024년 오피스텔 공급물량은 1만 6,522실로, 2021년(5만 6,074실) 대비 70% 이상 감소했다. 이러한 공급 감소 추세는 2026년까지도 지속될 것으로 예상된다. 이러한 공급 부족은 도심의 상업지역과 준주거지역 가용토지 부족과 함께 건설경기 침체, 부동산 시장의 전반적인 위축 등이 주요 원인으로 기존 오피스텔의 가치 상승으로 이어질 것이다.

여섯째, 업무용 사용이 가능한 지역을 선택해야 한다. 주택수 증가에 부담이 있는 투자자라면, 주거용 대신에 업무용으로 등록 시 주택 수에 포함되지 않아 신규 분양시 주거용과는 달리 부가세 환급 등의 세제 혜택을 받을 수 있다. 참고로 분양받은 오피스텔을 주거용 오피스텔로 사용시 분양시 환급받았던 부가세를 세무서에 토해 내야한다. 특히 강남, 여의도 등 업무 밀집 지역의 오피스텔은 높은 임대 수요로 공실 걱정이 적다.

일곱째, 전세자금 대출이 용이해야 한다. 전세 사기 증가로 월세 전환이 가속화되는 상황에서, 전세자금 대출이 가능한 오피스텔은 소형 다세대주택인 빌라에 비해서 아파트 전세 수요를 흡수할 수 있다는 잇점도 있다.

오피스텔 재산세 50% 줄이는 비밀: 주거용 vs 업무용의 갈림길

오피스텔 재산세는 실입주자가 어떤 목적으로 사용하느냐에 따라 즉, 용도에 따라 큰 차이가 발생한다. 동일한 오피스텔이라도 사용 용도가 주거용과 업무용에 따라 과세 방식이 다르며, 이는 납부 세액에 큰 차이가 있다.

주거용과 업무용의 세금 차이

오피스텔은 건축법상 업무시설로 분류되어 기본적으로 업무용 재산세가 부과된다. 업무용 오피스텔의 경우, 재산세는 토지와 건물을 분리하여 과세하는데 건물은 0.25%의 세율이, 토지는 0.2~0.4%의 누진세율이 적용된다. 반면 주거용으로 인정받으면 건물과 토지가 통합 과세되어 0.1~0.4%의 낮은 세율이 적용되어 세금부담이 크게 줄어든다.

예를 들어, 시가표준액이 1억 원인 오피스텔의 경우, 사용용도에 따라 재산세액은 큰 차이가 있음을 알 수 있다.

- 업무용 사용시: 154,000원의 재산세 부과
- 주거용 사용시: 60,000원의 재산세 부과

이처럼 주거용으로 인정받으면 최대 50% 이상의 세금 절감 효과를 볼 수 있다. 오피스텔을 여러 채 보유한 경우에는 주거용으로 관리하는 것이 절세혜택이 크다. 그런데 오피스텔은 특성상 지자체가 직권으로 주거용이 아닌 업무용으로 재산세를 일괄 부과하고 있기 때문에 주거용으로 사용하고 있는 경우에도 실질적으로 업무용으로 과세되어 재산세를 50%이상 부당하게 납부하고 있는 경우가 많다. 사실 주거용 보다는 업무용에 대한 재산세액이 많으므로 지자체 입장에서는 업무용으로 부과하는 것이 세수 측면에서 유리하다. 상대적으로 납세자 입장에서는 주거용으로 재산세를 납부하는 것이 절세측면에서 훨씬 유리하다. 따라서 소유한 오피스텔이 사용용도에 맞게 제대로 재산세 부과가 되고 있는지 반드시 확인해 봐야 한다.

주거용 인정 신청 절차

만약, 업무용 오피스텔을 실제 주거용으로 사용하고 있다면 재산세 절세 목적에서 주거용 오피스텔로 관할 구청에 과세변동 신고서를 제출하는 것이 유리하다. 다만, 주거용 오피스텔로 인정시 주택으로 간주되어 주택수에 포함된다는 단점도 있으므로 본인 상황에 맞게 오피스텔을 임대해야 한다. 업무용 오피스텔을 주거용 오피스텔로 변경신청하는 절차는 다음과 같다.

1. 과세대상 변동신고서 제출
- 관할 구청 세무과 방문
- 주거용 사용 증빙서류 준비(주민등록등본, 전기/수도 사용내역 등)

2. 신청 시기
- 재산세 과세기준일(6월 1일) 이전 신청 필요
- 늦어도 5월 말까지는 신청 완료해야 함

주의사항과 고려요소

1. 종합부동산세 영향
- 업무용에서 주거용으로 변경 시 종합부동산세 과세대상에 포함될 수 있음

- 공시가격 9억 원 이하라면 종부세 부과 위험 없음

2. 세금 절감 효과
- 주거용 오피스텔로 변경시 30~50% 정도의 재산세 절감 가능

결론적으로, 오피스텔 재산세 절세를 위해서는 사용 용도와 보유 부동산 현황을 종합적으로 고려한 전략적 접근이 필요하다. 특히 공시가격 9억 원 이하의 오피스텔을 주거용으로 실제 사용 중이라면, 주거용 신청을 통한 재산세 절감을 적극 검토해볼 만하다.

주거용 vs 업무용 오피스텔: 당신의 선택이 세금의 운명을 결정

오피스텔은 업무와 주거 기능을 동시에 수행할 수 있는 복합적 성격의 부동산이다. 그러나 주거용으로 사용할 경우 예상치 못한 세금 부담이 발생할 수 있어 신중한 접근이 필요하다.

주거용 오피스텔의 세금 함정

주거용 오피스텔은 다음과 같은 세금 문제에 직면할 수 있다.

1. 양도소득세 영향
- 주거용 오피스텔 보유 상태에서 다른 주택 보유 시 1세대1주택 비과세 혜택을 받을 수 없다.

- 주거용 오피스텔 보유로 1가구 1주택에 해당할 경우, 양도가액 12억 원 이하면 비과세가 가능하다.

2. 취득세 중과

- 주거용 오피스텔 보유 후, 주택을 추가 취득 시 8% 또는 12%의 취득세 중과세율이 적용될 수 있다.
- 반대로 다주택자라도, 오피스텔 취득 시에는 4.6%의 일반세율이 적용된다.

3. 종합부동산세 부담

- 주택분 종합부동산세 계산 시 주거용 오피스텔은 합산대상에 포함된다.
- 3주택 이상 보유 시 과세표준(공시가격 합계에서 공제액을 뺀 금액으로 공제액은 부동산의 종류, 위치, 면적 등에 따라 다르게 적용됨) 12억 원 초과분에 대해 중과세율이 적용된다. 이 때 종부세 세율이 적용되는 주택 수는 1세대 1주택자와 같이 세대 구성된 전체의 보유 주택수가 아니라 납세의무자 본인의 주택에 한정해 판정된다는 사실이 중요하다.

〈종합부동산세율, 2025년 기준〉

과세표준(억 원) (2주택이하)	세율(%)
6억 이하	0.7
6억 초과 ~ 12억 이하	1.0
12억 초과 ~ 25억 이하	1.3

과세표준(억 원) (2주택이하)	세율(%)
25억 초과 ~ 50억 이하	1.5
50억 초과 ~ 94억 이하	2.0
50억 초과 ~ 94억 이하	2.7

과세당국의 주거용 판단 기준

과세관청은 오피스텔이 다음의 경우 자동으로 '주거용'으로 간주한다.

1. 주민등록 관련
- 소유자나 임차인의 주민등록 전입신고가 되어 있는 경우
- 실제 거주 사실이 확인되는 경우

2. 공식 등록 사항
- 지자체에 주택임대사업자로 등록한 경우
- 재산세 과세변동신고서를 통해 주택으로 변경한 경우

세금 리스크 관리 방안

1. 취득 순서의 전략적 선택
- 먼저 주택 취득 후 오피스텔을 취득하는 것이 취득세 측면에서 유리하다.

- 오피스텔 분양권은 주택 수에 포함되지 않으므로 다른 주택 취득 시 오피스텔 분양권은 주택수에 산정되지 않는다.

2. 용도 선택의 신중한 결정
- 업무용으로 등록 시 부가가치세 환급이 가능하다.
- 주거용 등록 시 재산세 부담이 업무용 오피스텔에 비해 줄어든다.

3. 청약 활용 전략
- 오피스텔은 용도와 관계없이 청약 시 무주택으로 간주된다.
- 청약을 위한 무주택 자격 유지가 필요한 경우 활용할 수 있다.

주의사항과 시사점

1. 세무조사 리스크
- 과세당국은 현장실사를 통해 실제 사용 용도를 확인할 수 있다.
- 허위 신고 시 가산세 등 추가 제재가 있을 수 있다.

2. 향후 전망
- 1인 가구 증가로 주거용 오피스텔 수요는 계속 증가할 전망이다.
- 세제 변화에 따른 지속적인 모니터링이 필요하다.

결론적으로, 오피스텔의 주거용 전환은 세금 측면에서 신중한 검토가 필요하다. 특히 다주택 보유자의 경우 종합부동산세와 양도소득세 영향을 면밀히 분석해야 한다. 투자자는 자신의 상황에 맞는 최적의 활용 방안을 찾아 리스크를 최소화하는 전략이 필요하다.

직장인 주목!
월세 50만 원 보장하는
서울 소형주택 투자 비법

소형 주택 투자 시 가장 중요한 것은 직주근접성이 좋은 도심 지역을 선택해야 한다. 특히 직장이 가까운 도심지역의 소형 오피스텔이나 소형 주택 등이 바람직하며, 이러한 물건들은 임대 수요가 많아 안정적인 수익을 기대할 수 있다. 특히 소형주택은 임대 수익을 주요 목적으로 하기 때문에 공실 발생 가능성과 소형 주택이 과도하게 공급된 곳은 피하는 것이 상책이다.

다음의 지역들은 직주근접성이 좋고 임대 수요가 풍부하여 공실 위험이 상대적으로 낮다. 그러나 투자 결정 전에는 반드시 해당 지역의 구체적인 시장 변동 상황과 개발 계획 등을 면밀히 조사해야 한다.

1) 마포구 상수동:

서울 마포구 상수동은 여의도-용산 접근성이 좋고, 한강 인접, 서부선 개통 등 유망한 입지 조건을 갖추고 있어 직주근접성이 뛰어나다. IT 진흥지구로 지정되어 빠르게 발전하고 있어 임대 수요가 풍부할 것으로 예상된다.

2) 강동구 고덕동:

직장인들에게 매력적인 입지로 여의도와 강남으로의 이동이 용이해 9호선 급행역 호재와 함께 우수한 생활 환경을 갖추고 있어 실거주와 투자 모두에 적합하다. 주변에 대기업 및 다양한 산업단지가 있어 임대 수요가 꾸준히 유지될 것으로 예상된다. 특히 1~2인 가구의 증가 추세에 맞춰 소형 주택에 대한 수요가 높은 곳이다.

3) 성동구 성수동:

최근 '핫플레이스'로 떠오르며 투자자들의 관심이 집중되고 있다. 특히 MZ세대(밀레니얼+Z세대)가 많이 찾는 지역으로, 젊은 투자자들의 수요가 높다. 서울숲, 연무장길을 중심으로 최신 문화 인프라가 집적되어 있고, IT 진흥지구로 지정되어 빠르게 발전하고 있다. 기업, 유니콘 기업, 스타트업, 창업기획자, 벤처투자사 등의 이전이 계속되며 서울 주요 업무지구인 서울 시청(CBD), 강남(GBD), 여의도(YBD)를 잇는 신흥 업무지구로 성장하고 있다.

4) 강서구 마곡동:

R&D 특화 업무지구를 바탕으로 서울 제4도심으로 부상 중이며, 트

리플 역세권 입지를 갖추고 있다. 또한 직장인들의 임대 수요가 꾸준히 증가하고 있어 공실 위험이 낮다.

5) 구로구 대림역세권, 영등포구 당산역세권:

구로구 대림역세권과 영등포구 당산역세권은 최근 고용 중심지로 떠오르고 있어 직주근접성이 뛰어나다. 이 지역들은 수도권에 있는 실면적 26㎡ 아파트의 경우 가구당 보증금 500만 원, 월 30만 원의 임대수익을 얻을 수 있어 안정적인 수익을 얻을 수 있다.

6) 경기도 고양시:

서울 광화문, 시청 등 도심권 직장인과 파주 LG디스플레이, 일산(주엽역 인근 금융 시설 및 먹자골목 상업지역) 내 통근 직장인 수요가 풍부하다. 이로 인해 공실의 위험이 적고 안정적인 임대 수익을 기대할 수 있다.

7) 경기도 안산시:

공단과 시청 주변에 공무원과 공단 소재 회사 직원들의 수요가 풍부해 공실의 위험이 적다. 또한 공원과 편의시설이 가까워 생활여건도 좋다. 이 지역은 투자금 부담이 낮고 임대 수요가 많아 지역 평균 임대 수익률이 8%대까지 형성되어 있어 안정적인 수익을 기대할 수 있다.

소형 주택 실투자 사례

강서구 마곡동은 R&D 특화 업무지구로 개발되며 직장인들의 임대 수요가 꾸준히 증가하고 있는 곳이다. 한 투자자는 마곡역 인근의 소형 오피스텔을 매입해 월세 50만 원의 안정적인 임대 수익을 얻고 있으며, 향후 개발 호재로 인한 매매가 상승도 기대하고 있다. 이처럼 입지와 개발 가능성을 고려한 투자가 성공의 열쇠이다.

50대 후반의 김씨는 2003년부터 노후대책으로 임대사업용 소형주택에 투자하기 시작했다. 그는 수도권에 있는 실면적 $26m^2$ 아파트 6가구를 매입했다. 당시 미분양 물량이 많아 초기 투자비용을 크게 들이지 않고도 가구당 보증금 500만 원, 월 30만 원의 임대 수익을 얻을 수 있었다.

이후 김씨는 서울의 허름한 다가구주택을 매입해 다세대주택으로 용도 변경하여 8가구로 전환, 가구당 월 30~40만 원의 월세 수익을 올렸다. 또한 경매를 통해 대학가나 업무밀집지역의 소형 다세대주택을 저렴하게 매입해 임대 사업을 확장했다.

결과적으로 김씨는 2년 동안 3억 원의 초기 자본으로 수도권 아파트 6가구, 서울 다가구주택 1채와 다세대주택 3채, 일산 오피스텔 2실을 매입하여 월 800만 원의 안정적인 임대 수익을 올리는 데 성공했다.

상기 사례에서 처럼 소형 주택 투자는 적은 초기 자본으로도 안정적인 수익을 올릴 수 있는 좋은 투자 방법이다. 다만, 투자 전 발품을 들여 해당 지역의 개발 계획, 임대 수요, 시세 등을 꼼꼼히 조사하는 것이 중요하다.

투룸의 반란:
소형주택 투자의 숨겨진 황금알

소득 증가와 주거 선호 변화

부동산 투자의 세계에서 소형주택은 항상 주목받는 대상이다. 특히 1인 가구의 증가와 함께 소형주택에 대한 수요가 꾸준히 늘어나면서, 많은 투자자들이 이 시장에 관심을 갖고 있다. 그러나 소형주택 투자에 있어서 모든 선택이 동등한 가치를 지니는 것은 아니다. 오늘 나는 여러분께 소형주택 투자의 황금률을 하나 알려드리고자 한다. 바로 '투룸'에 투자하라는 것이다.

왜 하필 투룸일까? 이는 우리 사회의 경제적 변화와 밀접한 관련이 있다. 대한민국의 1인 가구 소득이 지속적으로 증가하고 있다는 점에 주목해야 한다. 국민소득이 늘어난다는 것은 단순히 숫자의 증가가 아닌, 삶의 질에 대한 욕구 상승을 의미한다. 과거에는 경제적 제약으로 인해 '닭장'이라 불리는 좁은 원룸에 만족해야 했던 직장인들이, 이제는 더 나은 주거 환경을 찾고 있다.

소득 증가와 함께 나타나는 가장 뚜렷한 변화는 바로 주거 공간에 대한 기대치 상승이다. 단순히 잠을 자는 공간이 아닌, 삶의 질을 높일 수 있는 공간을 원하게 된 것이다. 이러한 욕구 변화는 자연스럽게 원룸에서 투룸으로의 선호도 이동으로 이어지고 있다. 투룸은 원룸에 비해 공간 활용도가 높고, 거실과 침실의 분리로 인해 삶의 질을 한 단계 높일 수 있기 때문이다.

공급 부족과 가치 상승

그러나 이러한 수요 증가에 비해 투룸의 공급은 상대적으로 부족한 실정이다. 현재 소형주택 시장을 살펴보면, 주거용 오피스텔을 비롯한 대부분의 소형주택들이 원룸 위주로 건축되어 있음을 알 수 있다. 이는 과거의 수요 패턴을 반영한 결과이지만, 현재와 미래의 수요 변화를 제대로 반영하지 못하고 있다. 결과적으로 투룸을 구하기가 점점 더 어려워지고 있으며, 이는 투룸의 가치 상승으로 이어지고 있다.

경제 원리에 따르면, 수요가 많고 공급이 적은 상품의 가치는 필연적으로 상승하게 된다. 투룸 시장이 바로 이러한 상황에 놓여 있는 것이다. 원룸은 상대적으로 공급이 풍부하여 임대료나 매매가격의 상승폭이 제한적일 수밖에 없지만, 투룸은 희소성으로 인해 그 가치가 꾸준히 상승할 가능성이 높다.

내 개인적인 경험을 말씀드리자면, 나 역시 이러한 시장 흐름을 일찍이 파악하고 투룸에만 집중적으로 투자해왔다. 초기에는 주변에서 "왜 하필 투룸인가?"라는 질문을 많이 받았다. 하지만 시간이 지날수록 내 선택이 옳았다는 것이 증명되었다. 투룸 물건들의 임대료는 꾸준히 상승했고, 공실 기간도 원룸에 비해 현저히 짧았다. 또한 매매 시에도 투룸에 대한 수요가 높아 빠른 거래가 가능했으며, 가격 협상에서도 유리한 위치를 점할 수 있었다.

물론 투룸 투자가 무조건적인 성공을 보장하는 것은 아니다. 여전히 입지, 건물의 상태, 주변 환경 등 다양한 요소들을 종합적으로 고려해야 한다. 그러나 동일한 조건이라면, 투룸이 원룸보다 더 높은 투자 가치를 지닐 가능성이 크다는 것은 분명하다.

투자자들이 주목해야 할 또 다른 점은 투룸의 다양한 활용 가능성이다. 투룸은 1인 가구뿐만 아니라 신혼부부나 룸메이트를 구하는 대학생들에게도 적합한 주거 형태이다. 이는 잠재적인 임차인 풀을 더욱 넓힐 수 있다는 것을 의미한다. 또한 필요에 따라 한 개의 방을 재택근무용 사무실로 활용할 수 있어, 최근의 업무 트렌드 변화에도 잘 부합한다.

투룸 투자의 또 다른 장점은 상대적으로 안정적인 임대 수익을 기대할 수 있다는 점이다. 원룸의 경우 임차인의 이동이 잦아 공실 위험이 높은 편이지만, 투룸은 상대적으로 장기 거주자가 많아 안정적인 임대 수익을 얻을 수 있다. 이는 투자의 안정성 측면에서 큰 장점이 된다.

물론 투룸 투자에도 주의해야 할 점들이 있다. 우선 초기 투자 비용이 원룸에 비해 높다는 점을 고려해야 한다. 또한 관리비나 수리 비용 등 운영 비용도 상대적으로 높을 수 있다. 따라서 투자 전 철저한 재무 계획과 현금 흐름 분석이 필요하다.

결론적으로, 소형주택 투자에 있어 투룸은 현재와 미래의 시장 수요를 가장 잘 반영하는 선택지이다. 1인 가구의 소득 증가, 삶의 질 향상에 대한 욕구, 그리고 상대적으로 부족한 공급 등의 요인들이 복합적으로 작용하여 투룸의 가치를 높이고 있다. 물론 모든 투자가 그렇듯 신중한 접근이 필요하지만, 장기적인 관점에서 볼 때 투룸 투자는 분명 매력적인 선택이 될 것이다. 소형주택 시장에서 성공적인 투자를 원한다면, 투룸을 주목해보길 바란다.

1%만 알고 있는
오피스텔 투자 비밀노트

오피스텔, 숨겨진 투자의 보고

오피스텔 투자는 많은 이들이 오해하고 있는 것과 달리, 매우 매력적인 투자 수단이다. 특히 수익형 오피스텔을 잘 선택하면 안정적이고 높은 수익을 기대할 수 있다. 이에 오피스텔 투자의 장점과 성공적인 투자를 위한 핵심 요령을 상세히 살펴보고자 한다.

오피스텔은 부동산 시장에서 독특한 위치를 차지하고 있다. 일반적인 주택, 빌라, 아파트와는 달리, 오피스텔은 '상업지역'에 지을 수 있는 유일한 주거용 부동산이다. 이는 매우 중요한 특징이다.

상업지역은 원래 주거용 건물을 짓기 어려운 곳이다. 하지만 사람들은 항상 이런 번화한 지역에서 살기를 원한다. 바로 이 점 때문에 오피스텔이 특별한 가치를 갖게 된다.

대부분의 오피스텔은 교통이 편리한 역세권에 위치해 있다. 이는 사람들이 가장 선호하는 조건이다. 편리한 위치 덕분에 오피스텔은 늘 인기가 많고, 빈 방이 거의 없이 잘 임대된다.

결국, 오피스텔의 이러한 특성은 투자자들에게 안정적인 수익을 제공할 수 있는 중요한 요인이 된다.

오피스텔 투자의 세금 전략과 핵심 포인트

오피스텔 투자의 또 다른 큰 장점은 주택에 비해 취득세 부담이 상대적으로 적다는 점이다. 보유 주택 수에 상관없이 취득세율 4.6%가 일괄 적용되어 예측 가능한 비용 계산이 가능하다. 물론 이 세율도 더 낮출 수 있는 방법이 있다. 바로 신축건물로 최초로 분양받은 오피스텔을 사서 주택임대사업자로 등록하는 것이다. 이렇게 하면 취득세의 85%를 감면받아 실질적인 취득세율이 1%도 채 되지 않게 된다(구축 오피스텔 매입시는 감면 혜택없이 4.6%일반과세 적용). 다만, 주택임대사업자 등록시 6년 의무임대기간(2025.6.3일 이후 취득하는 건 부터 적용) 및 취득세 감면 제도에 변화가 있을 수 있으므로, 투자시 관련 기관의 최신 공지사항을 주의 깊게 살펴볼 필요가 있다. 참고로 소유자의 거주지 시군구청 주택과에 방문하여 주택임대사업자로 등록한 후 6년 이상 임대 등록하면 취득세 일반 과세, 종부세 합산과세, 양도세 중과 배제, 거주주택 비과세를 받을 수 있다.

오피스텔은 크게 업무용과 주거용 두 가지 형태로 나뉜다. 업무용은 말 그대로 사무 전용이므로 거주 목적으로는 사용할 수 없다. 반면 주거용은 24시간 실제 거주가 가능한 오피스텔이다.

수익형 오피스텔을 잘 고르는 투자 요령

첫째, 위치가 가장 중요하다. 앞서 언급했듯이 역세권에 위치한 오피스텔은 임대 수요가 높고 공실률이 낮다. 특히 지하철역과의 거리, 버스정류장과의 접근성 등을 꼼꼼히 따져봐야 한다. 대중교통 이용이 편리할수록 임차인들의 선호도가 높아지기 때문이다.

둘째, 주변 환경을 철저히 분석해야 한다. 오피스텔 주변에 대형 상권, 문화시설, 교육기관 등이 잘 갖춰져 있는지 확인해야 한다. 이러한 편의시설들은 임차인들의 삶의 질을 높여주고, 결과적으로 임대료 상승과 공실률 감소로 이어진다.

셋째, 건물의 품질과 관리 상태를 꼼꼼히 살펴봐야 한다. 오래된 건물일수록 관리비가 높아지고 시설 노후화로 인한 문제가 발생할 수 있다. 따라서 신축 건물이나 잘 관리된 건물을 선택하는 것이 유리하다. 또한 관리비 내역을 꼼꼼히 살펴보고, 과도한 관리비가 부과되지 않는지 확인해야 한다.

넷째, 적정한 규모의 오피스텔을 선택해야 한다. 너무 작은 면적은 임차인 확보에 어려움이 있을 수 있고, 너무 큰 면적은 임대료 부담으로 인해 공실 기간이 길어질 수 있다. 해당 지역의 수요를 잘 파악하여 적정 규모를 선택하는 것이 중요하다. 투룸 정도가 제일 보편적으로 추천할 만 하다.

다섯째, 주차 시설을 반드시 확인해야 한다. 주차 공간이 부족하면 임차인들의 불만이 높아지고 임대 경쟁력이 떨어질 수 있다. 특히 1인 가구가 증가하면서 차량 소유자도 늘어나고 있어 주차 시설의 중요성은 더욱 커지고 있다. 일반적으로 오피스텔의 주차 시설은 대부분 기계식 주차장을 채택하고 있다. 그 중에서도 주차타워식 기계식 주차가 지하로 들어가는 기계식 주차보다 유리하다. 주차타워식은 유지보수도 용이한 장점이 있지만 바쁜 출퇴근 시간에 빠른 입출고 가능하고 좁은 공간에 많은 차량을 수용할 수 있어 공간 활용도가 높기 때문이다.

여섯째, 임대료 시세를 정확히 파악해야 한다. 주변 오피스텔들의 임대료를 조사하고, 적정한 수준의 임대료를 책정해야 한다. 너무 높은 임대료는 공실률을 높일 수 있고, 너무 낮은 임대료는 수익성을 떨어뜨릴 수 있다.

일곱째, 향후 개발 계획을 확인해야 한다. 해당 지역의 도시계획, 재개발 계획 등을 살펴보고 미래 가치 상승 가능성을 판단해야 한다. 대규모 개발 계획이 있는 지역은 장기적으로 가치 상승을 기대할 수 있다.

여덟째, 세금 혜택을 최대한 활용해야 한다. 앞서 언급한 주택임대사업자 등록을 통해 취득세 감면, 양도세 혜택 등을 받을 수 있다. 이를 통해 초기 투자 비용을 줄이고 장기적인 수익성을 높일 수 있다. 주거용 오피스텔은 매입 시 주택 수에 포함되는 단점이 있지만, 거주지 관할 구청 주택과에 방문해서 주택임대사업자로 등록하면 양도세 중과세 면제 등 다양한 세무 혜택을 받을 수 있어 이를 잘 활용하면 유리하다.

아홉째, 융자 조건을 잘 살펴봐야 한다. 오피스텔 구입 시 대출을 활용하는 경우가 많은데, 이때 금리 조건, 상환 기간 등을 꼼꼼히 따져봐야 한다. 저금리 대출을 활용하면 초기 투자 부담을 줄이고 레버리지 효과를 높일 수 있다.

마지막으로, 전문가의 조언을 구하는 것이 좋다. 부동산 전문가, 세무사 등의 조언을 통해 더 정확한 정보와 분석을 바탕으로 투자 결정을 내릴 수 있다. 특히 처음 오피스텔 투자를 하는 경우라면 더욱 그러하다.

결론적으로, 오피스텔 투자는 잘만 활용하면 매우 매력적인 투자 수단이 될 수 있다. 특히 투자금이 적은 투자자라면 우수한 입지의 역세권 주거용 오피스텔을 적극적으로 고려해볼 만하다. 다만, 앞서 언급한 여러 요소들을 종합적으로 고려하여 신중하게 결정해야 한다. 오피스텔 투자의 성공은 결국 철저한 사전 조사와 분석, 그리고 현명한 선택에 달려 있다. 이러한 요령들을 잘 숙지하고 실천한다면, 안정적이고 높은 수익을 올릴 수 있는 훌륭한 투자 기회를 잡을 수 있을 것이다.

당신이 모르는 평수의 진실:
아파트와 오피스텔 면적 가이드

부동산 실무에서 사용되는 7가지 면적의 개념을 명확하게 이해하면 분양상담 시 발생할 수 있는 오해를 피할 수 있다. 분양관에 방문전에 미리 각 면적의 정확한 의미와 차이점을 이해해 둬야 한다.

같은 평형, 다른 크기? 아파트 발코니 면적의 진실아파트 분양, 꼼꼼한 확인은 필수다. 같은 전용면적이라도 발코니 면적에 따라 실평형은 크게 달라질 수 있기 때문이다. 많은 투자자들이 견본주택에서 인테리어, 자재, 구조에만 시선을 빼앗긴 채, 실평형을 좌우하는 발코니 면적 확인은 소홀히 하기 쉽다. 발코니 면적은 간과해선 안 될 핵심 요소다.

실제로 2024년 1월 성남시 금토동 신혼희망타운 공공분양주택에서 동일 전용면적에도 특정 타입의 발코니 면적이 유독 작아 입주자 불만이 터져 나왔다. 발코니 확장 시, 타입별 실평형 차이가 최대 4평까지 벌어졌기 때문이다. 이러한 문제는 분양 안내서에 명시된 발코니 면적을 제대로 확인하지 않아 발생한다.

따라서 견본주택 방문 시 다음 사항을 반드시 확인해야 한다.

1) 발코니 면적 확인:
타입별 발코니 면적이 동일한지 확인하는 것은 기본이다. 분양 안내서 팸플릿에 명확히 기재되어 있으므로 꼼꼼히 확인해야 한다.

2) 발코니 확장 여부 고려:
발코니 확장은 서비스 면적을 실평형으로 전환하는 핵심 요소다. 확장 시 집 크기에 미치는 영향을 꼼꼼히 따져봐야 한다.

3) 견본주택의 한계 인지:
모든 타입의 모델하우스를 공개하지 않을 수 있으므로, 제공된 분양 안내서 팸플릿 등의 문서를 통해 부족한 정보를 보완해야 한다.

발코니는 단순한 부속 공간이 아닌, 실내 공간 활용도를 결정짓는 중요한 요소다. 따라서 분양 계약 전, 발코니 면적과 확장 가능성을 철저히 검토하는 것이 현명하다.

기본 면적의 이해

1) 전용면적

세대가 독립적으로 사용하는 공간의 면적이다.
- 방, 거실, 주방 등 실제 주거공간
- 욕실, 세대현관 등 세대 내 공용공간
- 세대 간 경계벽체의 중심선까지의 면적
- 발코니는 제외된다.

2) 공용면적

입주민이 공동으로 사용하는 면적이다.
- 주거공용면적: 엘리베이터, 계단, 복도 등
- 주거외공용면적: 관리사무소, 경비실, 노인정, 놀이터 등

3) 서비스면적
- 발코니가 대표적인 서비스면적이다.
- 전용면적이나 용적률 산정에서 제외된다.
- 확장이 가능하며 실제 주거공간으로 활용할 수 있다.
- 발코니 확장 시에도 공부상 면적은 변동되지 않는다.

복합 면적의 개념

1) 실사용면적

전용면적과 발코니를 합한 면적이다. 실무에서는 주로 발코니 확장 후의 법적인 면적과는 별개로 실질적인 주거공간을 나타낸다.

2) 공급면적

일반적으로 "○○평형"이라고 부르는 면적이다. 전용면적과 주거공용면적을 합한 것이다.

3) 계약면적

공급면적에 주거외공용면적과 지하주차장면적까지 포함한 총면적이다.

아파트와 오피스텔의 차이

- **아파트**: 공급면적이 분양면적이 된다.
- **오피스텔**: 계약면적이 분양면적이 된다.

실제 전용률은 두 건물 유형이 비슷하나, 법적 기준의 차이로 인해 수치상 차이가 발생한다. 아파트는 주택법, 오피스텔은 건축법을 따르기 때문이다.

〈면적의 종류〉

종류	특징
전용면적	독립적으로 사용하는 공간(방,거실,욕실,주방, 세대 현관) *발코니는 제외
공용면적	함께 사용하는 공간(주거공용면적과 주거 외 공용면적으로 나뉨) • 주거공용면적(엘리베이터, 복도, 계단) • 주거 외 공용면적(경비실, 노인정, 관리실, 놀이터)
서비스면적	서비스면적은 발코니면적이라고 생각하면 일맥상통 (전용면적, 용적률, 공용면적, 계약면적, 분양면적 등에 포함되지 않음)
실사용면적	실사용면적(전용면적 + 발코니) • 전용면적 + 발코니면적을 실사용면적이라고 함 • 실무에서 실사용면적이라 함은 발코니를 확장하여 넓어진 면적까지 말하는 경우가 대부분
공급면적	공급면적(전용면적 + 주거공용면적) • 아파트 분양평형이라고 생각하면 일맥상통 • 전용면 • 단, 오피스텔 분양평형과는 다름
계약면적	계약면적(전용면적 + 주거공용면적 + 주거외 공용면적)
분양면적	분양면적(분양면적은 아파트와 오피스텔이 다름) • 아파트에서는 공급면적을 분양면적으로 해석 　(아파트는 주택법) • 오피스텔에서는 계약면적을 분양면적으로 해석 　(오피스텔은 건축법) • 오피스텔의 전용률이 아파트에 비해서 떨어지는 이유 　아파트는 공급면적 대비 전용면적이 전용률이 되고 　오피스텔은 계약면적 대비 전용면적이 전용률이 되기 때문이다. 　즉, 공급면적보다 계약면적이 크기 때문에 오피스텔은 아파트보다 전용률이 상대적으로 작은 반면 아파트는 오피스텔보다 전용률이 크다.

분양관에서 분양담당 직원들과 면적 상담 시에는 반드시 어떤 면적을 기준으로 이야기하는지 명확히 해야 한다. 예를 들어 평당 분양가 문의 시 전용면적 기준인지, 공급면적 기준인지 구분이 필요하다.

부동산 투자 바이블
부자들의 부동산 비밀노트

ⓒ여운봉
초판 1쇄 인쇄 | 2025년 7월 7일

지은이	여운봉
디자인	ziwan
마케팅	네버기브업
펴낸곳	네버기브업
ISBN	979-11-94600-45-9 (03320)
이메일	emsgo2024@gmail.com

• 파본은 구입하신 서점에서 교환해 드립니다.
• 이 책은 저작권법에 의해 보호를 받는 저작물이기에 무단 전재와 복제를 금합니다.